新教コイノーニア35

戦後70年の神学と教会

新教出版社編集部［編］

新教出版社

目次◆戦後70年の神学と教会

第1章　神学……5

第2章　教会

第1章

神学

去る2015年、日本は第二次世界大戦敗戦から70年を迎えた。この間、キリスト教会は日本社会のなかで、絶えず語るべき言葉を探し続けてきた。

私たちは歴史のなかで、特定の文脈に生きる存在である。神学は普遍性を志向するが、歴史的・文化的限界を超えて普遍的な神学を形作ることができる人はいない。しかし、各時代にあって誠実に、真剣に営まれた神学には、時代を超えて学ぶべきものが含まれていることもまた確かである。

先の戦争から、自らの深い罪を告白しなければならなかった日本の神学は、この70余年、何に心を砕き、何を目指してきたのだろうか。聖書学や史学、組織・実践神学、教育といった諸分野の発展を振り返るとともに、そこに収まりきらない女性神学や沖縄の神学、移住民の神学の歩みにいまいちど学びたい。

戦後の新約聖書学がやり残したこと

八木《やぎ》誠一《せいいち》

1932年生まれ。東京大学、同大学院、ゲッティンゲン大学で学ぶ。『新約思想の成立』で文学博士（九州大学）。関東学院大学、東京工業大学、桐蔭横浜大学などで教鞭をとった。著書に『イエス』、『キリストとイエス』、『キリスト教は信じうるか』、『イエスと現代』、『パウロ』、『フロント構造の哲学』、『宗教と言語・宗教の言語』、『イエスの宗教』、『〈はたらく神〉の神学』ほか多数。

非神話化という問題提起は受けとめられたか

戦後、キリスト教の根幹にかかわる問題が少なくとも二回、実は四回、提起された。これらはキリスト教の自己革新を促すもので、そのうちふたつは新約聖書学から提出されたものである。まず第一に「非神話化」があった。これは当時の代表的新約学者R・ブルトマンが提唱したものであり、戦後国際的に賛否さまざまな観点から議論された。非神話化論の趣旨は、くだいていうと、以下のようなものである。

新約聖書は言語化できない実存的経験（ブルトマン自身は経験という言葉は使わない）を客観的に具象化（イメージ化）して描き出すから（これを神話化という）、そのイメージ自身が現実そのものと解されてしまう。しかし、現代においては、その表象を生み出した実存的経験に帰り、その経験が含意する人間理解を一般的な実存哲学の概念で言い表すことが求められる（非神話化）。ブルトマンの論文「新約聖書と神話論」（一九四一）はかなり解かりにくいもので、ブルトマン自身も非神話化に手を染めただけで遂行はしていない。しかしブルトマンの論文をきっかけとして非神話化の是非が国際的規模で論議された。結果として、キリスト教会・学界の大勢は、キリスト宣教は神話ではなく歴史的事実に基づくものであり、内的経験の表現ではないから、非神話化は不可能であり不当であるということに落ち着いた。また、使徒の「実存的経験」は一回限りの歴史的啓示であって哲学的一般化にはなじまないとも言われた。こうしてキリスト教会は全体としてブルトマンの提唱を無視してしまった。

しかしブルトマンの主張には正当性がある。非神話化は、以下のようにすれば実は可能なのである。以下の展開は「戦後の新約聖書学徒」としての私自身によるものだが、非神話化を無視するのはあまりにも不当で不見識だから、あえて一例として述べさせていただく。パウロは「神が御子を私のなかに露わした」（ガラテア一・一六）という。そして「御子」を「キリスト」と言い直す（ガラテア二・二〇）。これはキリスト「顕現」の証言であって、「復活者との出会い」ではないが、本人自身による「復活者」経験の記事として極めて重要である。ここで「私のなかに」を「私に対して」と訳す人も多いのだが、「キリストが私のなかで生きている」という言葉（ガラテア二・二〇）があり、以下の証言からも「なかに」が正しいことがわかる。その証言とは「神が私たちのこころのなかで輝いてキリストの御顔を照らし出し神の知識にいたらしめた」（2コリント四・六。多少意訳してある）というものである。これらは明らかに内的経験なのだ。しかし上記の「顕現」は、使徒行伝（九・三―九等）では、天からの光と声として客観的に具象化されている（行伝二六・一六では「パウロはキリストを見た」とされる）。そしてこのように客観化された「復活者」は、「空虚な墓」、「復活者との出会い」、「復活者の昇天」の物語に連なり、さらにこのように客観化された表象がキリスト教会では「客観的事実」として宣べ伝えられてゆくのである。さて、ブルトマン自身はそこまで意図してはいなかったとしても、この点で「非神話化」を遂行すれば、「客観的なキリスト顕現」の記事からパウロの内的経験にさかのぼり、これをしかるべき学的概念で記述することができる。さてパウロは内的経験をたとえば次のように語っている。「神は君達のなかではたらいて、（君達の）意欲とはたらきとを成り立たせる」（ピリピ二・一三）。ここには一見「キリスト」が言及されていない。ではキリストは不在なのか。そうではない。神ご自身ではなく、「君達のなかではたらく神」が「神の子」すなわち「キリスト」だと解すればよいのである。上記の「キリストの御顔」とは、「神の子を通じてなされる神の語りかけ・はたらきかけ」のメタファーだと解される。そして信徒のなかではたらく神（すなわちキリスト）が「君達の意欲とはたらきを成り立たせる」とは、取りも直さず、「キリストが君達のなかで生きている」ということだ。回心まではパウロが夢にも思い及ばなかったこの「はたらき」がパウロに露わとなったのが「キリストが私のなかに露わとなった」という出来事である。ではこの出来事をしかるべき学的概念で記述することは可能だろうか。ここで詳論することは不可能だが、仏教（後述）を知ってみれば――そのためには語学的・文献学的・史学的知識も必要ではあるが、それよりはむしろ仏教を「理解」してみれば——仏教徒も（神とはいわないが）「法」あるいは「阿弥陀仏の願力」が「信徒」のなかではたらいて信心と仏行を成り立たせることを語っていることがわかる。さらに比較を遂行すれば、「キリスト」は「人間のなかではたらく」普遍的超越者の別名であることがわかるから、教会の枠を超えた学的概念でこれを記述することが可能である。それは、それまでは我執・我欲が自我を支配していたのに、自我を超えた深みではたらく宗教的生が自我を生かすようになったということだ。この見解を展開して、この宗教的生、すなわちイエスが「神の国、神の支配」（神のはたらき）と呼んだものを、弟子達がイエスの死後みずからのうちに発見して、これを「復活したイエスのはたらき」と解釈した、と考えれば新約思想は矛盾も困難もなく説明できる。実際、同様な解釈が洗礼者ヨハネとイエスについてなされている（マルコ六・一四—一六）。すなわち洗礼者が非業の最期を遂げたのち、洗礼者の弟子であったイエスが登場して師にまさる働きを示したとき、ひとびとは、死んだ洗礼者が復活してイエスのなかではたらいている、といったという。このような解釈が当時あったとすれば、イエスが非業の最後を遂げたのち、弟子達がみずからのうちに「イエスをあのように生かし語らせた」はたらき（イエスが「神の支配」、「人の子」と呼んだもの）を見出したとき、それを「復活のイエスのはたらき」と解したことに何の不思議もない（1コリント一五・三—五参照）。さて以上のようにして、イエスの「神の支配・人の子」と原始キリスト教団の「復活のキリスト」は同じ現実の別名だと考えれば、なぜ復活信仰が成立したのか、なぜ原始教団最古のキリスト論においてイエスが「復活のときから神の子とされた」（ローマ一・四）のか、さらになぜヨハネが「受肉したロゴス」、つまり「人のなかではたらく神そのもの」（パウロのいう「私のなかで生きているキリスト」）を直接にひとりの人格つまりイエスとして描きえたのか、そもそもなぜひとりの人間イエスが救済の根拠とされたのか、などが了解される。弁証法神学の一翼を担ったブルトマン自身は原始教団の「キリスト宣教」がいかにして成立したかを学的に解明することをしなかった。しかしそれは不徹底というものだ。この点で非神話化を遂行すれば、キリスト教は、自我よりも深く、自我を正しくはたらかせる「宗教的生」、つまり人類に普遍的でもあり経験的にも確認可能な真実を明らかにして、語りうるのである。そうすれば教会は、自我を究極の現実としてしまった結果、我執・我欲つまりエゴイズムを野放しにして滅亡の危機を招いている現代に対して、その欠陥を正し、現代の諸学と対立することもなく、こころから納得もできる「真実」を堂々と宣べ伝えることができるはずなのだ。しかしキリスト教会はそのチャンスを逸してしまった。キリスト教の現代化を促した非神話化は、実は可能なのに、教会では伝統を再解釈する手段にならなかった。「正統」を固守する教団だけではなく、新約学すら、その要請を無視してしまったように見える。

史的イエスの問題

そもそもキリスト宣教は本当に歴史的事実に基づいているのだろうか。新約聖書学が提起した第二の問題、すなわち「史的イエスの問題」はまさにこの点にかかわっている。この問題は、ブルトマンがキリスト教の基礎を原始教団のキリスト宣教に求めた結果、「イエスはユダヤ教徒であり、イエスの宗教はキリスト教成立の一条件である」と規定したことに対する反対から始まった。問題を提起したのはブルトマンの弟子（E・ケーゼマン等）で、一九五〇年代はじめのことである。議論はそこから発展して、イエスの宗教はユダヤ教の枠内にあるのかどうか、そもそもイエスとはいかなる人格で何を説いたのか、イエスは神の国を宣教したのに原始教団がイエスをキリストとして宣教したのはなぜか、イエスは現代にとっていかなる意味をもつか、というようなキリスト教の根本にかかわる問題が提出され、これも当時は国際的な規模で論議された。しかしこの問題に対してもキリスト教会は満足のゆく統一的な答えを形成しないまま、伝統的キリスト教を固守するにとどまってしまった。

史的イエスの問題には前史があるから、それに触れておくことが必要であろう。そもそも新約聖書学は「史的イエスの探求」から出発したといえる。十九世紀にさまざまな「空想的・小説的イエス伝」が書かれたため、信頼できる史料――時間的にも空間的にも人間的にもイエスに近い人々から出た史料――に基づいてイエス像を正しく再構成することが求められたのである。二史料説（マルコが最古で、マタイとルカは、マルコと「イエスの言葉集」を用いて、それぞれの福音書を書いた）はすでに十九世紀後半に成立した。二十世紀に入ってから史料批判が進んだ。もともと個別伝承の集成である福音書をいわば分解して個別伝承を取り出し、それを成立と発展の場にしたがって仕分けして、最古の信頼できる伝承を求めるという方法である（様式史）。代表的なのはやはりブルトマンの『共観福音書伝承の歴史』（一九二一）だが、ここでの批判的研究の結果は、奇跡物語と聖者伝説（誕生物語、試誘物語、空虚な墓の物語など）は史的信頼性に乏しく、史的に信頼できるのはイエスの言葉伝承の若干のものに限られるということであった。その後、学界での福音書研究はそれぞれの福音書記者が如何なる観点からイエスを描いたかという問題に向かうのだが（編集史）、現在でも個々の伝承は繰り返しさまざまな観点から吟味されているけれども、その後史料批判の方法として大きな影響力をもつものは出ていない。とはいえ、現在の新約聖書研究者で、たとえば「空虚な墓」の物語の史実性を本気で証明しようと志す人はもはやいないといっても過言ではなかろう。

因みにわが国の新約聖書学は戦後著しい発展を遂げた。ここは戦後日本の新約聖書学史を述べる場所ではないから、網羅的ではないし、あるいは不公正かもしれないが、せっかく戦後の新約聖書学について述べるのだから、私の観点から若干の人名と業績を挙げさせていただく。山谷省吾（新約概論）、松木治三郎（釈義、新約聖書神学）、佐竹明（ヨハネ黙示録）、荒井献（イエス、原始教団史、関連文書の翻訳・監修）、田川建三（マルコ、イエス、聖書翻訳）、土戸清（ヨハネ福音書）、佐藤研（共観福音書）、青野太潮（パウロ）、大貫隆（グノーシス主義、イエス）、上村静（旧新約通史）などの努力によって、いまでは日本語の文献だけでかなりの水準の知識が得られるようになっている。新約学会、聖書学研究所が発足し、それぞれ『新約学研究』、『聖書学論集』という高水準の研究誌を出している。ただ、以下はわが国に限ったことではないのだが、新約聖書学の主流は史学的方法による実証的研究であって、本文、言語、文書、思想、教団史および時代史などについて客観的事実の確定に向かい、多岐にわたる個別的研究がなされ、成果をあげている。しかしここで生じる問題は、我々が持っている史料が――明示的にせよ含意的にせよ――含む情報は有限だということである。にもかかわらず研究者はそこから推論によって無限の情報を引き出そうとするから、研究の実証性に問題が出てくるのである。早くいえば、なるほどそう言われればそうかもしれないが、そうと決まったわけではあるまい、と思われるような研究が増えるわけだ。しかしこれは史学の宿命であって、過去は再現不可能だから、史学が再構成した過去像の成否を事実に当って検証することはできないのである。史学の結論は蓋然性を出ないといわれる所以である。この点は研究者の良識に俟つより他ないのだが、それにしても現代の我々にも直接に了解可能・検証可能な宗教的経験についての研究が少ないのは、やはり教義との衝突を避けるからだろうか。そもそも新約聖書学ははじめから聖書の記事の歴史性批判に従事してきたので、教会ないし組織神学とは相性が悪く、いまだに三者間の幸福な相互コミュニケーションは成立していない。しかし批判的研究を阻止するのは不当だから、これも教会側の良識に俟つより仕方ないのだろう。

さて史的イエスの問題に戻って、一九五〇年代の新約聖書学の状況では、「イエスが神と等しい神の子というみずからの身分と地上に派遣された使命を自覚して、父なる神の意志にしたがって十字架につき贖罪を成し遂げ、死んで葬られ、復活してパウロ等に現れた」という「救済の出来事」をそのまま史実と認めることはすでにできなくなっていた。その状況のなかで「史的イエスの問題」に関連して実にさまざまな議論がなされた。その結果ほぼ合意が成立した点は、イエスの宗教はユダヤ教と異質とはいえないが、やはり当時のユダヤ教の枠を超えていたこと、神の支配を説いた「イエスの宗教」と、イエスをキリストとして宣教した原始教団の「キリスト教」とは、同じ言語・概念を使ってはいないが、両者の人間理解は内容的に一致する、というようなことであった。しかし、イエスの宗教と原始キリスト教のまさに転換点に位置する「復活」とはなにかという点については、結局合意は成立しなかった。ただし史的イエスの問題の論議において、イエスがひとりの人間であったこと、それを超人間的な神の子としたのは原始教団であったことが改めて確認されたとはいえる。現代の新約聖書研究者が書いた『イエス』にしてイエスを超人間的な神の子として描いているものはないと思う。しかし伝統的キリスト論を固守するキリスト教会はこの場合にも、新約聖書学的認識を受容して神学的革新に向かうことはしなかった。

史的イエスの問題も解決不能ではない。前述のように、イエスが説いた「神のはたらき」をイエスの死後弟子達がみずからのうちに見出して、これを「復活した・霊なるキリスト」と解釈したと考えれば、なぜイエスが神の支配を説いたのに原始キリスト教はイエス・キリストを宣教したのか、なぜイエスと原始教団の人間理解は一致するのか、以下に挙げることを含めて、無理なく説明できるのである。「復活信仰」成立のあと、それを裏付けるように、「空虚な墓」の物語ができた。そして肉体としてよみがえったイエスと「霊なるキリスト」とのギャップを埋めるために、霊的に変貌してゆく復活者と弟子との出会いが語られ、イエスの昇天物語が形成された。またイエスが神の子なら奇跡的能力を持っていたに違いないという期待に応えるように、奇跡行為者イエスの姿が――福音書のなかで――語られるようになった。しかし徹底した批判的解釈は伝統的神学を否定することになるので、教会はもちろん、教会に属する多くの新約聖書学者も遂行しなかった。

仏教との対話

第三、第四の問題は新約聖書学が提起したものではないし、新約聖書研究者が殆どかかわろうとしなかったものである。むしろ、新約聖書の理解にとって重要な意味をもつのに、新約聖書学がそれに反応しなかったことこそが問題なのである。それは「仏教との対話」と「宗教言語」の問題である。これらは新約聖書の理解と深くかかわるのだが、キリスト教会とキリスト教神学を大きく動かすにはいたらなかった。仏教との対話は前世紀の中葉にアメリカ、ヨーロッパ、そして日本でも、いわば同時多発的に始まったものだが、その動機としては第二バチカン公会議で他宗教への開かれた態度が決定されたこと、チベットから圧迫を逃れて渡米した仏教徒が広く東洋文化への関心を惹起したこと、アメリカでの鈴木大拙の活動がひろく影響を及ぼしたことなどが考えられる（ただしバチカンはキリスト教の絶対性を放棄したわけではなく、他宗教のなかにもキリスト教の「神」のはたらきが及んでいて、他宗教はそれとしらずして神の恩寵に与かっている、と説く方向に向いた）。とにかくこうして一九八〇年代にアメリカで仏教とキリスト教の対話のための学会が組織され『仏教とキリスト教研究』という学会誌も発刊された。日本でも「東西宗教交流学会」が組織され『東西宗教研究』という学会誌が発行されている。宗教間対話が生んだ出来事としては若干の神学者が「キリスト教の絶対性」を放棄して仏教を同等の宗教と認めたこと、多くの学者が連帯して、宗教の違いを超えて平和世界と貧困撲滅のために協力しようと呼び掛けたこと、などがある。この際、仏教を認める多くの神学者も、仏教はキリスト教以外では最高の宗教だが、イエス・キリストにおける神の究極的啓示を知らない、としている。他方、宗教間対話は学会レベルを超えて広がり、アメリカ、ドイツ、フランスなどで坐禅を実習するクリスチャンが多く現れた（なぜか日本にはほとんどいない）。みずからを「仏教的クリスチャン」と称するひとびとが出たほどである。もっとも彼らは仏教徒になろうとしているというより、伝統的キリスト教が与えない「宗教的生の実際的経験」を求めているのだが、ここからいかなる神学が生まれるのかまだ見通しはついていない。

不思議なことに日本のキリスト教神学者は仏教との対話に関心が薄い。しかし、新約聖書との関係を考えても、仏教には類似した記事が多い。ブッダの奇跡的生誕、悟りに至る前の悪魔による誘惑、生前奇跡を行った聖者にかかわる「空虚な棺の物語」などである。むろん浄土真宗の「信心」とプロテスタントの「信仰のみ」の一致ははやくから知られていた。これに対しては多くの神学者は、浄土真宗的信仰の対象はイエス・キリストではなく阿弥陀仏だから、浄土教は異教にすぎないと片付けているが、問題はそれほど単純ではない。要するに宗教間対話は殆ど新約聖書学の関心事にはならなかったのである。しかし宗教間対話は、自分達の伝統のなかにありながら十分に展開されていなかった要素に気付かせ、その展開を促すものである。仏教の「悟り」との関係がそうだ。新約聖書で悟りに対応するのは、すでに触れたこと、パウロにおいて明白に自覚されている「主体の交替」である（ただし仏教は知的面、キリスト教は倫理面に傾く）。これは「ローマ人への手紙」七、八章に明記されている通りである。パウロは、かつて罪の力が自分を支配していたのにいまやキリストのはたらきが自分を支配している、というのだ。ここで重要なのは、パウロが罪を律法違反に見ず、律法主義に見ていることである。

人間の自我は情報を処理して行動を選択する機能である。しかし自我には生得的に自我を動かすはたらきがない。自我はしばしば（自分の安全のために）社会的通念ないし規範を守るか、あるいは（自分のために）自分で企画ないし決心した目標達成を求めるかする。こうして結局は我執・我欲・我意つまりエゴイズムに動かされるものとなる。さて、「律法主義」的努力にはこの三者が結合していた。換言すれば、律法主義者は「わがうちに生きるキリスト」、あるいはイエスのいう「世界と我が身に及ぶ神の支配、はたらき」を知らない。だから律法主義者は律法順守に専念すればするほど実は神から離れてゆくのである。パウロは、みずからのうちに「神の子」のはたらきを見出したときにそれを知った。だから彼は原始教団の宣教にしたがって「イエスの贖罪死」を説きながらも、実は律法主義自身を批判するのである（ロマ一四・二三、2コリント三・六参照）。この点はヨハネも同様で、ヨハネにとってはイエス以前はすべて闇であり（一〇・八参照）、だから仮に律法を完全に守り通したとしても救いには到達しないのである。実際ヨハネ福音書のイエスは、モーセが与えたマナを食べた者は死んだという（六・四九）。この点ではイエスも同様で、律法を完全に守っても神の国にはいることはできない（マルコ一〇・一七―二二、ルカ一八・九―一四前半参照）。なぜこの場所でこうしたことを言うかといえば、「人間の本性に目覚めていない自我」こそが諸悪煩悩の根源だということを明白に語るのが仏教（特に禅）だからだ。それは、換言すれば、宗教的生に支えられることなしに、情報言語に直接依存して生きる自我は罪（煩悩）に支配されるという認識である。

宗教言語の問題

ところで情報言語への直接的依存ということで言語の問題が出てくる。ここで情報とは「どうなっているのか」という問い、および「ではどうしたらよいのか」という問いへの答えのことと理解しておく。すると律法主義とは、自我が律法という第二の意味での情報に直接依存することである。さて前世紀、特に西欧で言語哲学が哲学の主流となった時期があった。これはウィトゲンシュタインが言語の有意味性を吟味して、客観的事実の写像である言語を有意味としたことに始まり、オーストリアからイギリスに広がり、言語の論理性の分析や客観的事実性の検証理論をへて、論理実証主義のように、客観的事実性について検証不可能な宗教言語は無意味だというような理論を生んだ。しかしこれは極端すぎるというので、宗教言語とは現実への態度を表す言語だという理解に落ち着いたようである。

しかし宗教言語については言語学の、言語機能による分類のほうが有益である。言語には、客観的事実を述べる記述言語（科学の言語が代表的。客観的事実性に関して検証可能で、自我の知性に担われる）、外からは見えない心の動きを表現する表現言語（文学の言語が代表的。事実性の客観的検証になじまず、経験を共有する人に「理解」される。自我を超える深みに由来しうる）、人を動かすための動能言語がある（命令、脅迫など。法律や倫理の言語もこのなかに入る。自我レベルの言語でも、宗教的生からの言語でもありうる）。ところで、私見によれば、新約聖書にはむろん使徒行伝のような記述言語があるが、「神、キリストの内在とはたらき」を述べる言語は表現言語である。その表現は客観的なイメージとなりやすい。神の国や終末のイメージも同様である。これらは内的経験を、当時の仕方で形象化ないし客観化して述べたものだが、聞く人の間では客観化された形象（イメージ）が現実とされて、結果として本来は内的経験を述べる表現言語が記述言語と誤解されてしまう。しかし表現言語は内的経験に還元して理解されるべきものだ。言い換えれば、非神話化と史的イエスの問題は、実は宗教言語とその理解・解釈の問題だったのである。

新約聖書言語の中心は表現言語である。客観的現実ではないが、人類に普遍的でもあり、内的経験として確証可能でもある、人格を正しく生かす現実（神のはたらきといわれる）を証言している。しかし宣教はすでに二世紀のローマで成立したとされる「使徒信条」において客観化され、「記述言語」に変貌してゆく。キリスト教がローマ帝国で公認され国教化してゆく過程で、キリスト教は、イエス・キリストを中心とする、神による世界創造と人類救済という客観的事実と神の計画を宣教する宗教となった。換言すれば教会が絶対に正しいと定めた正統的教義（救いに関する客観的情報）を疑うことなく信奉して教会の行事に参与する人間がキリスト者と定義され、それは宗教改革をへたプロテスタントによっても現代まで持ち越されたのである。こうしてキリスト教言語は（事実性について検証不可能な）記述言語となり、信仰は情報言語に直接依存する決断となった。生活も聖書と教会が与える実践的情報言語に自我が服従することになる。ところでこの場合、情報言語は自我レベルでの言語だから、ここでは自我を超えた深み（宗教的生の表現言語）は失われる傾向が強い。「世界と人間における神・キリストの内在とはたらき」という内的経験の表現・伝達は、失われることはなくても、後退してしまう。

その結果、キリスト教は過去において国民全員が信徒となるのに適した形にはなったが、現代となるに及んで、かえって多くの人が客観的事実として信奉するのをためらう「教え」となっている。その結果、教会がキリスト教の唯一絶対性を声高に叫べば叫ぶほど、教会に来る人は減り、同じ割合、あるいはもっと大きな割合で、教職や役職について教会を指導し得る人材が減ってゆく。

それだけではない。確かにかつてキリスト教は人格の尊厳の感覚を育み、民主主義を基礎付けた。しかしみずからが宗教的生を知的情報に還元する傾向の強いキリスト教は、近代が啓蒙主義、産業革命、都市化・情報化をへて現代へと進み、その間植民地主義、帝国主義戦争をともないつつ、自我を超える深みの次元を喪失して自我を究極化する文明となり、儲けること、勝つこと、楽しむことにしか関心を持たない世俗化に陥ってゆく趨勢を、阻止することができなかった。新約聖書学は本来宗教的生の深みを発掘するという重大な任務を担っていたのではなかったか。

（『福音と世界』２０１５年７月号所収）

戦後日本の旧約聖書学の歩み

山《やま》我《が》哲《てつ》雄《お》

1951年生まれ。早稲田大学大学院文学研究科博士課程修了。現在、北星学園大学教授、日本旧約学会会長。著書に『聖書時代史旧約篇』（岩波書店）、『一神教の起源——旧約聖書の「神」はどこから来たのか』（筑摩書房）他。訳書にM・ノート『モーセ五書伝承史』（日本基督教団出版局）、G・フォン・ラート『創世記』（ATD・NTD聖書註解刊行会）他。

戦後から1970年代前半にかけて

終戦70年目を機に、戦後のわが国の旧約学の歩みを振り返るようにとの注文である。筆者自身は戦後少し経ってからの生まれで、旧約学のまねごとのようなことを始めたのはようやく1980年代はじめからである。自分の経験から多少のことを云々できるのは、問題の期間の半分の約35年間ぐらいであろう。それ以前のことについては、あまり責任のある記述ができないことをまずお断りしておく。また、終戦、戦後といった歴史的状況が旧約学の学問的な内容自体を直接規定するものではないことは、他のほとんどの学問の場合と同様である。ただし、日本国憲法による信教の自由と学問の自由の確立により、より自由な学問的活動が戦後可能になったことが、その後のわが国における旧約学の発展にも大きな肯定的影響を与えたことは、当然のことながら改めて強調しておきたい。他方で戦後のわが国の旧約学が、渡辺善太（1885―1978）、浅野順一（1899―1981）、左近義慈《よししげ》（1906―1990）といった日本旧約学界の学問的「族長」格の方々の戦前、戦中の努力を基礎とし、それを継承発展させるものであったことは言うまでもない。すでに戦前の1933（昭和8）年には日本旧約学会が設立され、戦後15年を経た1960（昭和35）年には会長制となり、前述のお三方はそれぞれ初代、第4代、第5代会長を務めた。この学会は現在でも年二回、春期・秋期に学術大会を行い、全国の研究者の研究発表と学問的な情報交換、交流の場となっている。現在では原則として毎年、学会誌『旧約学研究』（2004―）を発行している。

日本旧約学会と並んで、戦後の旧約学の発展で重要な役割を果たしたのが、1950（昭和25）年に設立された日本聖書学研究所で、ルーテル神学大学（当時）、日本聖書協会、富坂キリスト教センター、日本聖書神学校と「寄留場所」を移しながら、主として関東の研究者を中心に毎月旧約・新約双方の研究発表の例会を続けており、その成果の一部を原則として年一回、和文の紀要『聖書学論集』（1962―）と欧文の *Annual of the Japanese Biblical Institute*（1975―）に発表している。後者は国際的な学術雑誌の論文や研究書に引用されることも多い。同研究所が、日本で最初の死海文書の主要部分の翻訳（『死海文書』、山本書店）や、『聖書外典偽典』（別巻2巻を含む全9巻、教文館）を出版したことも、わが国における聖書学史上、重要な意義を持つ。

戦後の旧約学の主たる課題は、欧米の先進的な研究方法や学説を吸収消化するとともに、それをわが国独自の仕方で発展させることであった。この関連で特に大きな役割を果たしたのが関根正雄氏（1912―2000）であることは、誰も異論のないところであろう。氏はドイツでアルト、フォン・ラート、ロストらに学び、ハレ大学で学位を取得後、終戦の年の1945年に帰国、『舊約聖書』（創元社）や『イスラエル宗教文化史』（岩波全書）などを著してノートのアンフィクチオニー説を中心とするイスラエル史観やフォン・ラートの救済史的旧約神学を紹介しつつ、歴史的・批判的な旧約研究の方法をわが国に定着化させ、この時期のわが国の旧約研究に大きな影響を与えた。さらに、学問的なものとしては今のところ唯一の旧約聖書個人訳を完成（『新訳旧約聖書』全4巻、教文館）、前述の日本旧約学会でも第6代会長として4期、日本聖書学研究所でも長く主事を務めた。その時々の海外での研究動向の吸収と応用にも常に熱心で、イスラエルの起源に関してはメンデンホールらの農民革命説をいち早く採用し、晩年の『エレミヤ書註解』（『関根正雄著作集』第14・15巻、新地書房）では、当時最新のW・ティールの申命記史家によるエレミヤ書編集の理論を大幅に援用してわが国に編集史的見方を普及させた。教育や後進の育成にも熱心で、当時の東京教育大学の門下からは多くの次世代の旧約学者が輩出した。

関根氏と並んで戦後初期の日本の旧約学で指導的な役割を果たした一人に、中沢洽樹《こうき》氏（1915―1997）がいる。ニューヨークのユニオン神学校で学んだ氏は、立教大学で教鞭を取りつつ、第二イザヤ研究をライフワークとし、主著『苦難の僕』（新教出版社）と『第二イザヤ研究』（山本書店）を発表、特に苦難の僕研究については、「僕」を誰と見るかについて、その後も十年ごとに海外の学界動向のレビューを繰り返した。伝道の書（コヘレト）やヨブ記など、知恵文学研究にも優れた業績を残し、日本旧約学会第7代会長を務めた。

1970年代後半から1980年代にかけて

欧米の旧約学の方法や学説の受容と消化が大筋において ほぼ一息つくのが、1970年代後半から1980年代前半にかけてであったと言えるであろう。1979年末には東京の六本木で日本旧約学会主催の聖書学国際シンポジウムが開かれ、アメリカのフリードマン、ロバーツ、マッカーシー、ディーヴァー、イギリスのワイブレー、ドイツのW・H・シュミットとドンナー、イタリアのソッジン、スウェーデンのメッティンガー、イスラエルのマラマットとタドモールなど、当時の国際学界の名だたる第一人者たちが参加し、わが国からも関根正雄、石田友雄、左近淑《きよし》、池田裕の四氏が発表した。その成果は、Tomoo Ishida (ed.), *Studies in the Period of David and Solomon and Other Essays* (Yamakawa Shuppansha, 1982) として刊行され、その後長らく王国時代研究における国際的な基本文献として数々の研究書や論文に引用された。

これに続き、1984年に刊行された『総説 旧約聖書』（日本基督教団出版局）は、この時期のわが国の旧約学を集大成する記念碑的なもので、執筆を担当した（五十音順で）石田友雄、木田献一、左近淑、西村俊昭、野本真也の諸氏は、いずれも1930年代前半の生まれで、この時期のわが国の旧約学界における指導的な存在であった。このうち、石田氏と左近氏が79年の国際シンポジウムで発表したことは前述の通りである。

石田氏（1931―、筑波大学）はヘブライ大学で学位を取り、イスラエル流の実証的な歴史学的方法による王国時代の歴史伝承の研究で国際的な業績を挙げた。アメリカとドイツの双方で学んだ木田氏（1930―2013、立教大学、日本旧約学会第9代会長）は、預言書とイスラエルにおける預言者の歴史的・社会的役割の研究で数多くの著作を残した。ユニオン神学校で学位を取得した左近氏（1931―1990、東京神学大学、日本旧約学会第8代会長）は、ドイツ流の通時的な歴史的・批判的研究とは一線を画し、集中構造などの共時的な構造分析によって物語文学や詩編の研究に新境地を開いた。アメリカやドイツの旧約学の影響の強かったわが国の旧約学において、ストラスブールで学位を取った西村氏（1930―2012、青山学院大学、日本旧約学会第11代会長）は異色の存在で、ロラン・バルトらのフランス言語学の記号論（セミオロジー）の方法をコヘレト研究に応用するなど、知恵文学研究を中心にユニークな業績を挙げた。ドイツのハンブルク大学で学位を取った野本氏（１９３５―、同志社大学）は、ヴェルハウゼンからノート以降に至る従来の五書の文書仮説を整理してわかりやすい形にまとめた。

これらの各氏と重なるか、やや下の世代には、アンフィクチオニー仮説批判や独自のヤハウィスト解釈、最近ではヨブ記をめぐる一連の研究で独特の学風を築いた並木浩一氏（１９３５―、国際基督教大学、日本旧約学会第12代会長）、エレミヤ書の編集史を扱った学位論文がドイツで出版された小田島太郎氏（１９４０―、明治学院大学）などがおり、さらにこの世代で基本的な文献の執筆や翻訳を通じて旧約学の裾野を広げられた方々として、旧約諸文書の並び方などを覚えるための替え歌などで親しみやすい『旧約聖書に強くなる本』（日本基督教団出版局）などを著した浅見定雄氏（１９３１―、東北学院大学）、フォン・ラートの『旧約聖書神学』（同上）などを訳した荒井章三氏（１９３６―、神戸松蔭女子学院大学）、ヴォルフの『旧約聖書の人間論』（同上）などを訳した大串元亮《もとすけ》氏（１９２８―２００７年、ルーテル学院大学）、ノートの『契約の民 その法と歴史』（同上）などを訳した柏井宣夫氏（１９３９―、農村伝道神学校）、また左近氏と共訳で、シュタム／アンドリュウの『十戒』（新教出版社）などを訳した大野恵正《よしまさ》氏（１９３９―、活水女子大学）などがいる。これらの方々は、前述の『総説 旧約聖書』の五氏と並んで、この時代にわが国で中心的な役割を果たした旧約学者であったと言えよう。研究書の翻訳の話が出たついでに触れておくが、わが国で歴史的・批判的旧約研究を普及、発展させるうえでこの時期以降大きな役割を果たしたものとして特筆すべきは、ドイツの旧約学を代表する注解シリーズの「アルテ・テスタメント・ドイッチュ」（ＡＴＤ）の日本語版が刊行され始めたことである。これは、フォン・ラート、ノート、ヴァイザー、カイザー、ヴェスターマン、アイヒロット、エリガーなど、当時のドイツ圏の旧約学界を代表する錚々たる碩学たちによる学術的にも神学的にも極めて水準の高い注解シリーズで、日本では商業出版ではなく、有志の方々がまったくの手弁当で「ＡＴＤ・ＮＴＤ聖書註解刊行会」を立ち上げて、新約聖書注解シリーズ（ＮＴＤ）に次いで刊行したものである。１９８０年に第１回配本『ダニエル書』（ポーチャアズ著、関根清三訳）が出てからちょうど戦後半分の35年になるが、現在翻訳中の『民数記』（ノート著）と『歴代誌・エズラ・ネヘミヤ』（ガーリンク著）の刊行をもってまもなく全巻完結する予定である（現在の編集委員は並木浩一、月本昭男、山我哲雄の各氏）。

なお70年代後半から80年代にかけては、わが国最初のカトリック・プロテスタント合同の新共同訳聖書の翻訳作業が進行した時期であり、その旧約聖書部分の翻訳にはわが国の旧約学の蓄積と成果が大いに傾注された。新共同訳の旧約聖書は1987年に刊行されたが、前述のこの時期の研究者の多くがこの翻訳作業にも参加した。

この時期の旧約学上、もう一つの重要な出来事として、1989年における『旧約新約聖書大事典』(教文館)の刊行が挙げられる。これはドイツ語圏の歴史的・批判的な聖書研究を集大成した聖書事典ともいうべき、レオンハルト・ロスト/ボ・ライケ編の Biblisch-historisches Handwörterbuch (Vandenhoeck & Ruprecht, 1962-1966) の日本語版であり、原編集者の一人ロスト教授の理解と好意により、ドイツ語原著の項目を翻訳しても、それに日本側が加筆しても、日本側でまったく項目を書き直したり新規立項してもよいとするもので、これは巻頭の「日本語版序文」に記されているように、「日本の聖書学に対する同教授の理解と、日本の聖書学者に対する信頼に基づく」ものと言える。この事典の項目の翻訳や執筆には、当時の主要な聖書学者のほとんどが参加し、この大事典はその後、基本的・標準的なレファレンス・ワークとして、わが国の学界や教会における聖書研究に大きな影響を与えた。なお、この事典の旧約担当の編集代表は石田友雄、常任編集委員は池田裕、編集実務は山我哲雄の各氏であった。ちなみに同大事典の新約担当の編集代表は荒井献、常任編集委員は柴田有、編集実務は佐藤研の各氏である。

1990年代から現在まで

欧米の伝統的聖書学の受容と吸収がほぼ完了したかのように思えたこの20世紀末に、国際的な旧約研究は大きな転機を迎えることになった。それは、その肝心の欧米、特にドイツ語圏を中心に立て続けに急進的、革命的な学説が発表され、従来の「定説」が次々と崩されてしまったからである。例えば、王国以前のイスラエルが聖所を中心とする部族連合だったとするアンフィクチオニー説は放棄され(フォーラー、ヘルマン、デ・ハウシュ、ゴットワルド)、神との契約の思想が古くからあるイスラエルの中心的な宗教的観念であったことも疑問視された(クッチ、ペルリット、オットー)。五書の資料仮説(JEDP仮説)は否定され(レントルフ、シュミード)、五書成立の時期は大幅に引き下げられた(ブルーム、ヴァン・シーターズ、レヴィン)。ヨシュア記から列王記までの歴史書が統一的な「申命記史書」をなすという見方も疑問視された(ヴェスターマン、レーゼル、クナウフ)。預言書の多くもその真筆性が疑われ、かなり多くの部分が後代の編集者によるものとされた(カイザー、キャロル、ベッカー、ポールマン)。イスラエル史研究の基礎となる考古学の分野でも、地層の年代測定が下方にずらされ、ダビデ・ソロモン時代についてはほとんど語ることができなくなった(フィンケルシュタイン、ジルバーマン)。全体として、詩編や知恵文学を含め、旧約聖書の諸文書の成立年代をバビロン捕囚前後やそれ以降に押し下げる低年代説の傾向が進んだ。ついには前世紀末に「ミニマリスト」と呼ばれる一連の懐疑主義的な研究者が輩出し、旧約聖書の大部分はペルシア時代やヘレニズム時代のユダヤ人の創作であるとし、旧約聖書の歴史資料としての価値を全面的に否定して、統一王国の存在も「神話」にすぎないと主張した（トンプソン、レムケ、デービス）。いわば、日本人が一生懸命学んでようやく習い終ったと思ったとたん、先生たちがその定説をひっくり返してしまったのだから、日本の旧約学者たちの衝撃と当惑は大きかった。国際的研究動向に目を向けるわが国の研究者も、このような事態に対する態度決定を迫られたからである。その「余波」は、後述するように今日にもなお影響を多く残している。欧米の旧約学の方法と理論をほぼ消化したと自覚した日本の旧約学者たちは、いわば二階で梯子を外され、最初から学び直したり、考え直したりする必要性に迫られるようになったのである。

20世紀末から新世紀の初頭にかけての旧約学上の大きなイベントの一つは、1997年から2004年にかけて、日本聖書学研究所の所員を中心に、いわゆる「岩波版旧約聖書」（旧約聖書翻訳委員会訳）全十五巻が刊行されたことである。これはヘブライ語本文からの学問的な翻訳に詳しい注と解説を付したもので、この時点での旧約各書についてのわが国の学界の研究を集大成したといえる性格のものである。担当者は（五十音順で）池田裕、勝村弘也、木幡藤子、鈴木佳秀、関根清三、月本昭男、並木浩一、松田伊作、村岡崇光、山我哲雄の各氏で、このうち前述した並木氏のほか、池田氏（1940―、筑波大学）、村岡氏（1938―、ライデン大学）、松田氏（1926―2009、九州大学）はやや上の世代であるが、その他はほぼ40年代後半から50年代前半の生まれで、これらの諸氏がわが国におけるこの世代の旧約研究を代表する存在であったと言えよう。

池田氏はイスラエル滞在が長く、現地の生活に立脚した地理的、風土的な旧約研究で多くのユニークな仕事がある。松田氏は言語学的な側面から旧約研究に挑んだ。村岡氏はヘブライ語やアラム語、ギリシア語など聖書語学の大家として主にオーストラリアやオランダなど海外で活躍した。月本氏（1948―、現在は上智大学、日本旧約学会第12代会長）はドイツのチュービンゲン大学で楔形文字文書の研究で学位を取り、帰国後は日本旧約学会と日本オリエント学会の双方の会長を務めるなど、旧約聖書と古代オリエント文明の関係を解明する研究を中心に優れた業績をあげた。木幡氏（1946―、広島大学）と関根氏（1950―、東京大学、日本旧約学会第13代会長）はドイツでそれぞれ出エジプト記とイザヤ書の研究で学位を取得、その成果がドイツ語圏を代表する旧約研究シリーズ（ＢＺＡＷ）で出版されている。鈴木氏（１９４４―、新潟大学）はアメリカのクレアモント大学で学位を取り、申命記の成立を九つの層に分けて説明するその『申命記の文献学的研究』（日本基督教団出版局）は、この時期のわが国の旧約研究を代表する金字塔ともみなされている。ドイツのハイデルベルク大学で学んだ勝村氏（１９４６―、神戸松蔭女子学院大学）は、フォン・ラートの『イスラエルの知恵』（日本基督教団出版局）の翻訳の他、詩編注解や知恵文学研究を中心に業績をあげた。山我（１９５１―、北星学園大学、日本旧約学会第14代会長）の場合は、ノート、フォン・ラート、ヴェスターマン、ツィンマリ、レントルフ、シュミット、ケールなどの基本的な著作の翻訳者・紹介者としての役割が大きいと言えるであろう。

この岩波版旧約聖書の執筆時期が、たまたま前述の国際学界における研究状況の激変の時期とほぼ重なったことが、このシリーズにもさまざまな影響を与えることになった。例えば担当者により、五書資料の扱い方が異なったり、歴史書における申命記史家の役割について見方や扱いに違いがあったり、預言書における編集者の関与の理解に差があったりして、かなりの「揺れ」が見られるからである。その意味でもこの翻訳シリーズは、「過渡期的」な意味を持つものだったと言えるであろう。

なお、「岩波版旧約聖書」には参加していないが、その担当者たちとはほぼ同世代の旧約学者に、ノートの『イスラエル史』（日本基督教団出版局）等の翻訳の他、長く預言者研究を続け、最近学位論文『古代イスラエル預言者の特質』（新教出版社）を出版した樋口進氏（１９４５―、関西学院大学）、アラム語文献やサマリア五書、死海文書などを対象にユニークな研究を続けている守屋彰夫氏（１９４６―、東京女子大学）、ブルッグマンの創世記注解などを訳した向井考史氏（１９４６―、関西学院大学）、立教大学チャプレンを務め、英国で学んだ後その成果として革新的なアモス書研究を発表した小林進氏（１９４７―）、ゲッティンゲン大学でイエフ革命の研究で学位を取り、ドイツでその成果が出版された三ノ上芳一氏（１９４９―２０１４、久留米大学）、東神大出身でアメリカで学び、現在は農村伝道神学校の校長で多数の翻訳を出している高柳富夫氏（１９４９―）、東北学院大学の教授で、「旧約聖書と戦争」というテーマで、アジア神学大学院日本校で学位を取った佐々木哲夫氏（１９４９―）、カトリックの研究者としては上智大学の雨宮 慧《さとし》氏（１９４３―）と南山大学の柊《ひらぎ》曉《あけ》生《お》氏（１９４５―）などがいる。ここまで挙げた研究者のほとんどは、いずれも多かれ少なかれリベラルな歴史的・批判的研究の立場に立っているが、この立場とは一線を画した福音派系では、ハーバード大学で学び、言語学的な面から旧約テキストにアプローチする津村俊夫氏（１９４４―、聖書宣教会聖書神学舎）や、贖罪の犠牲の研究で英国で学位を取得した木内伸嘉《のぶよし》氏（１９５３―、東京基督教大学）などがおり、津村氏は『サムエル記』、木内氏は『レビ記』の浩瀚な注解書を、それぞれ福音派系の英語の注解シリーズの一巻として発表している。

「岩波版旧約聖書」に話を戻すが、このシリーズの担当者の顔ぶれを見た場合の面白い特徴として、意図的にそのように「人選」したわけではなかろうが、ほとんどが経歴上神学校や神学部と無縁であり、また世俗の大学で教えていることが挙げられる。同じ「岩波版聖書」の新約のシリーズにも、なぜかよく似た傾向が見られる。ただし、神学校、神学部の名誉のために記しておくが、「岩波版旧約聖書」の担当者たちよりもやや下の世代で、神学部出身の多くの旧約研究者が次々と海外などで学位を取り、国際的な業績を挙げて、現在国外、国内の第一線で活躍している。

東京神学大学からは、大住雄一氏（１９５５―）と小友聡氏（１９５６―）がそれぞれ「契約の書」と「コヘレト書」の研究でいずれもドイツのベーテル大学で学位を取得後、母校で教鞭をとっている。母校の東神大でイザヤ書研究で学位を取った大島力氏（１９５３―）は青山学院大学で教えている。また大串肇氏（１９５７―）はボン大学でW・H・シュミットに師事し、エレミヤ研究で学位を得た後、日本ルーテル学院大学で教えている。同じく東神大出身の左近豊《とむ》氏（１９６８―）はアメリカのプリンストン神学校で「哀歌」の研究で学位を取り、聖学院大学などで教えている。立教大学では、母校で学位を取得後、東北学院大学教授となった黙示思想研究の北博氏（１９５４―）がいる。同志社では、石川立《りつ》氏（１９５３―）がドイツのミュンヘン大学で、また越後屋朗《あきら》氏（１９５８―）がアメリカのヴァンダービルト大学でそれぞれ学位を取得後、母校の神学部に戻り、飯謙氏（１９５５―）はドイツで学んだ後、母校で学位を取得し、神戸女学院大学で最近まで学長を務めた。関西学院大学では、水野隆一氏（１９６３―）がアメリカで学んだ後、母校で学位を取得し、教鞭を取っている。水野氏はヨーロッパ流の通時的な歴史的・批判的研究とは一線を画した共時的な文芸批評的方法の創世記研究などで異彩を放っている。

前述の石田氏らによる『総説　旧約聖書』が出てからほぼ30年が経過したが、先に見たように、この間に国際的な研究状況はかなりの変化、変動を経験した。そこで、２００７年には内容を全面的に新たにした『新版　総説　旧約聖書』（日本キリスト教団出版局）が出た。今回の「監修者」は、池田裕、大島力、樋口進、山我哲雄の諸氏で、前著とは異なり、各文書の研究を専門とする十八人もの研究者――そのほとんどはここに名が挙がっている――の合作であるが、前述のような国際学界における見解の分立と定説不在ともいえる状況を部分的に反映して、全体として見ると「船頭多くして船山に登る」の譬えではないが、あまりまとまりのよくない、一般読者から見てわかりやすくはないものになってしまったが、やむを得ない面もあると言えよう。特に、五書を担当した大住雄一氏の書きぶりはほんとうに苦しそうで、監修者の一人として惻隠の情に耐えない。

これからの日本の旧約学

今後の旧約学の課題の一つは、このような定説不在、諸説珍説百花繚乱とも言うべき状況の中で、新しい学問的コンセンサスを国際的にも国内的にも構築していくことであろう。特に日本の旧約学としては、そろそろ欧米の旧約学への依存や追随、模倣（あるいはさらに翻弄）を脱却して、日本独自の旧約学の方向性を打ち出すことがぜひとも必要である。２０１０年、日本旧約学会は創立77周年を記念して「日本の旧約学をめぐって」と題するシンポジウムを同志社大学で開催し、その中で当時会長であった関根清三氏が「日本の旧約学――学の回顧と学会の展望」と題する会長講演を行った（『旧約学研究』第8号所収）。その中で関根氏は、「日本人としての地平とは何かを自他に明化し、客観的な読み取りの作業と並行して、その先に現代の日本人としての主体的な読み込みまでしなければ、本当に責任ある学問探求にならないのではないか」と問いかけているが、まさに至言と言うべきであろう。

現代の他の学問分野でも多かれ少なかれそうであろうが、旧約学でも最近は研究分野の細分化や方法の多様化が進み、学問としての全体像の把握や個々の研究の総合が難しくなってきている。そのような状況を克服するためには、多くの旧約学者が学問的に協力し合うことが必要であるが、現在、そのような学問的努力の総合を実現するための格好の大きなプロジェクトが二つ、並行的に進められている。一つは、日本聖書協会が新共同訳に代わる次世代の日本語聖書として進めている新しい聖書翻訳で、まだ正式名称は未定であるが、これには「新共同訳と岩波版には関わらなかった」次の世代の研究者を中心に作業が進められていると聞く。２０２０年頃には完成する予定のようであるが、「排除」された「旧世代」の我々としては、その成果を楽しみにして待っている。今一つは、２０１７年のルターによる宗教改革５００周年を記念して、日本キリスト教団出版局が企画している、わが国における最初の学問的性格の聖書注解シリーズで、かなり大きなものになる予定である。その旧約の部は「日本語旧約聖書」に当たるラテン語で、Vetus Testamentum Japonicum（略号ＶＴＪ）と呼ばれる予定で、監修者（編集委員）は月本昭男、山我哲雄、大島力、小友聡の諸氏が務める。第一弾として、2017年冬には、鈴木佳秀氏による出エジプト記注解の上巻が出版される予定である。もちろん、新約聖書注解シリーズのNovum Testamentum Japonicum（略号NTJ）も同時進行中で、こちらの監修者は須藤伊知郎、伊東寿泰、浅野淳博、廣石望、辻学、中野実の諸氏となっている。こちらの方は、浅野淳博氏の『ガラテヤ書簡』注解が一番手となる予定である。この聖書翻訳と注解の二つのプロジェクトによって、日本の聖書学の現時点での水準と力量が示されることになるであろう。

わが国の旧約学界はまことに狭く小さな世界であるが、戦後70年、驚くほど数多くの方々が旧約聖書の研究に関わってこられた。著者が研究室の本棚を眺めながら思いつくままに名を挙げた方々は、あくまでそれぞれの時代を代表する研究者たちであり、遺漏も多くあろう。また、旧約学プロパー以外にも、宗教学、社会学、考古学、人類学、オリエント学、ユダヤ学、神学などの立場から旧約研究に関わられた方が多数おられる。ここにそれらの方々の名をすべて挙げられなかったことは残念である。また、日本の旧約学の将来を担う三十代、四十代の若い研究者の方々の業績にあまり触れられなかったことも心残りである。

（『福音と世界』2015年7月号所収）

キリスト教史学の展開と課題
――戦後の歴史神学をたどりつつ

出村《でむら》彰《あきら》

1933年生まれ。東北学院大学卒業。東京神学大学卒業、同大学院修了。イェール大学、プリンストン神学大学、バーゼル大学に留学。神学博士。東北学院大学文学部教授、副学長を経て、同大学名誉教授。キリスト教史学会前理事長。著書に『宗教改革論集』『中世キリスト教の歴史』他、訳書に『宗教改革著作集』『牧会者カルヴァン』他多数。

はじめに

あの日、晴れ渡った真夏の炎天下で、わたしたち軍国少年は旧制中学の校庭に集合を命じられていた。それまでの連日の勤労動員は中止され、予告されていたあの放送を聞くためだけの登校だった。ラジオの音声そのものは不明瞭きわまりなかったが、実はどのようにしてかは不詳ながら、すでに自宅ではポツダム宣言受諾の極秘情報を耳にしていたので、放送は日本の無条件降伏の確認だけに留まった。無人の自宅に帰って床に寝転がった少年が、ほんの僅かの失速感と、しかし、圧倒的な解放感に包まれた記憶は今なお鮮明である。

「解放」――戦時中、自分の家庭がキリスト教であることへの微かな誇りと、しかもそれとはあい反する、はるかに大きな負い目・引け目の感覚との違和感――からの解放だった。国民学校で国史の授業の内容が島原の乱に近づいたとき、名前まで呼ばれて、何か言われはしまいかという一抹の危惧の念は、まったくの杞憂で終わったにしても、小三で始まり中一まで、何かしら（仙台弁ならば）「イズサ」を感じざるをえない何年間かであった。あの晩からさっそく点いた街灯の明かりは、これからやって来るだろう希望の約束とさえ思われた。もっともその後の、とても追い着いていけないほどの変化の数々……。墨消し教科書は、歴史観の、そして歴史そのものの急転換の象徴にほかならなかった。

あれから七〇年、と。若い頃に詩編一三七編「バビロンの流れのほとりに座り　シオンを思って、わたしは泣いた……」を読み、後に神学校でバビロニア捕囚は七〇年にも及んだと学んだ時には、「まさか……」と思った。それほど長い歳月、かつて引き離された故国を思い続けるなど、ありえないとばかり感じたからである。しかし、実際にその後の小さな歩みを振り返ると、同じ詩編九〇編にある「千年といえども御目には……夜の一時にすぎません」が、そのまま受け入れられる年齢に達した自分がここにいる。願うのはただ一つ、歴史の歯車を巻き戻そうとするような愚行が、二度と繰り返されないことのみである。

さて、本誌編集部から依頼されたのは、「戦後七〇年の歴史神学の歩みを振り返り、世界の歴史神学の情勢を鑑みつつ、戦後日本の歴史神学の歩みと今後の課題について論ぜよ」という論題なのだが、どう考えても限られた紙幅の中で論じ尽くせるはずもなく、そもそも、自分の力量・守備範囲をはるかに越えていることは明らかである。

まずは、「歴史神学」という語彙の定義そのものである。それは歴史を考察の対象とする神学的営みなのだろうか、もしそうならば、創造から終末までを考究する組織神学の一部となるだろう。「教会史・教理史は、本来の神学の補助学である」という初期バルトの言葉が耳を離れないからかもしれない。そこで本稿では、この語彙を「キリスト教の歴史を研究対象とする学問的営み」、と単純に自己限定するほかない。もっとも、実際にキリスト教の歴史を内容として、何かを執筆したり、人前で話したりしてみれば、どうしてもそこでは、自分の立ち位置を選び取るという「神学的」決断が不可避的であることは、絶えず思い知らされてきたこの何十年かでもあった。しかし、「ひとたび説教壇に立ったならば、いかなる言い訳もいっさい無用。どうせ聴衆は聴けば準備不足が分かるのだから……」という、六〇年以上も前の実践神学教室での教訓が、今なお耳の奥で響いているからには、さっそく論題に入ることにしよう。

I　カルヴァン研究の窓を通して

ここで以下の論述の枠組み、あるいは鏡とするのは、自分自身もこれまで支えられ続けてきた、「カルヴァンとその周辺」を対象とする史的研鑽の現況と課題の事例である。思い起こすなら、二〇〇九年はジュネーヴの宗教改革者ジャン・カルヴァンの生誕五〇〇年に当たる。長い打合せと調整の末だったが、この年の夏前、台湾・韓国を経て訪日中だったカルヴァン研究の同労者、プリンストン神学校のエルシー・マッキー教授と、二時間にわたってこの種の主題を論ずる機会を与えられた。内容はすぐに、創刊されたばかりのキリスト新聞社 *Ministry* 誌二号（二〇〇九年夏）

に掲載された。

この際、対談の材料までにと、おこがましくも三つの「提題」を考えてみた。まず「非プロテスタント化」広くは「非信条化」、次に「非教義化」つまり「資料中心主義」、最後に（稚拙な造語ながら）「非ジュネーヴ化」つまりは「文脈化」がそれであった。同じ指導教授（エド・ダーウィ）の最初期と最後期の院生として同門でもあり、ここ二十数年は、世界のカルヴァン研究の牽引役を果たしてきたエルシーさんは、苦笑しながらも年長者への敬意をこめてか、ていねいに論議に応じてくれた。

第一はこうである。カルヴァンと、その生と死を対象とするに際して、研究者の教会的立ち位置いかんを、さらには、その有無をさえも含めて問題としない姿勢がそれである。「歴史学だから当然」と言われてしまえばそれまでだが、少なくとも戦前までのカルヴァン研究は国内外を問わず、いわば「わが仏尊し」、つまり「……せんがため」が主流だった。当然ながら、その反対の向き（例えば、ツヴァイクの『権力とたたかう良心――カステリョ対カルヴァン』等々）も思い浮かぶだろうが、いずれにしても、「正統な後継者争い」と言い切っては極端だろうか。

筆者は、四年に一度参集する「国際カルヴァン学会」に一九八二年のジュネーヴ以後、つい前々回（二〇〇六年エムデン）まで、ほとんど出席を欠かしたことがない。そこでは、誰も教派的帰属、その有無さえも問おうとはしない。無論のこと、誰にでも研究のきっかけはあるし、筆者の場合は、自分の属する教会、さらには奉職する学校の「御先祖捜し」がそれだった。疑いもなく、源泉へのある種の情熱なくしては、何年も何十年も、ある目標を目指して走り続けることはありえないだろう。それにもかかわらず、同じ資料を手にしながらも一種の自己客体化なくしては、そもそも歴史学そのものが成り立たないはずである。エルシーさんの答えはこうだった、「カルヴァンが誰か特定の研究者、あるいは研究グループの『専売特許品』であってはならない、とおっしゃりたいのですね」。幸いなことに、戦後七〇年を経て、この種の方法論的自覚がしっかり根づいてきたと思われる。エルシーさんはすぐに続けて、「資料」の内には書かれた記録だけではなく、その他いっさいの同時代の残した文物等々が含まれることも忘れてはならない、と付け加えてくれた。

二番目の「非教義化」あるいは「資料中心主義」とは、前段の裏返しとして、歴史研鑽が何か特定の既存の教理なり制度なりを、歴史の名を借りて弁証・正当化しようとする姿勢の放棄、と言い換えられるだろう。もっとも前述と同様に、その反対の方向、つまり、いわゆるドグマの権威を打破・排除・毀損するために歴史を援用する方策も同様に危険である。直截に言えば、いわゆる一次資料そのものへの徹底的な復帰という意味である。ここではカルヴァン研究を鏡として使っているので、いささか比喩的に言い直すならば、「ゼネバ湖からレマン湖へ」（固有名詞の現地発音主義の徹底）とでもなるだろうか。

戦前までの日本のカルヴァン研究は、僅少な例外を別とすれば、主として英語圏からの転借であり、地名を訛れば「ゼネバ湖畔のカルビン」の事績紹介が多かったことは否めないだろう。しかし戦後は、主として十九世紀前半に刊行の緒に就いた膨大な『宗教改革者全集』（カルヴァン、ツヴィングリ、メランヒトン）の続刊や、多くの研究書などを頼りに、カルヴァンの人と思想の探求が日本でも定着する第二期に入る。『キリスト教綱要』の改訂訳、再改訂訳、膨大な旧・新約聖書注解や個別の説教・書簡などの訳業がそれである。確かに、筆者の留学時代には例えばブツァーの『牧会者論』、多数のエコランパーディウス聖書注解等々、十六世紀の原書そのものを図書館から寮の自室にまで、何の問題もなく自由に借り出せたし、それはそれで感謝しきれないほどである。しかもそれらでさえ、すでに活版印刷になった書籍だった。最新のＩＴ技術は無論のこと、コピー機やマイクロフィルムなどでさえも、まだまだ初歩段階だったからには、それからさらに遡行することなどは想像もできなかったのである。基本的には筆者もこの段階に留まり、それを乗り越えることは至難だったと自認せざるをえない。

ところが今では、第三段階と言えまいか。各地の古文書保存庫などに手着かずで残されたままだった手写稿が発見され、解読され、全面的に活用され始めた。ジュネーヴ市政史関連文書や長老会・牧師会記録、カルヴァンの膨大な説教の速記録などが接近・利用可能になってからは、いわば「剥製のカルヴァン」ではない「活け造りのカルヴァン」が眼前に浮かび上がってきた。何名かのジュネーヴ「協働牧師団」の一員、それ以上でもそれ以下でもない一人の牧会者としてのカルヴァン像である。これは一例にすぎない。

同じ範疇（非教義化）の別な側面を、その総称いかんは別としても、いわゆる「徹底的宗教改革」への関心の高まり・深まりにも見ることができるだろう。神学校の卒論のために、カルヴァンだけを読んで脳裏にあった「再洗礼派」像が、ローランド・ベイントン教授の演習で、まったく別な光の中で描き出された時の衝撃は、決して忘れられない。文字どおり、「目が開かれる」思いだったからである。その研究姿勢（「原典に戻れ」）が、上記と同様であることは言うまでもない。この分野での多くの国内外の同労の知友たちを思い、感謝の現在がある。同じ方向付けが初期キリスト教、教父、中世から近代に至るまでも共通なのは言うまでもないだろう。思えば長い七〇年だった。

第三の「非ジュネーヴ化」も、直前の文意の地理的・時代的拡張の表現と言えよう。ジュネーヴ、あるいはヴィッテンベルクでさえも、卑俗な言い方をお許しいただければ、十六世紀の大海原を漂流する「ひょっこりひょうたん島」だったわけではない、という認識である。確かにそれらが傑出していたことに疑いはないが、実はすでに何世紀にもわたり、そしてそれからもさらに長く持続する、巨大なキリスト教世界刷新運動の一断面にほかならないからである。この趨勢は何も「十六世紀宗教改革」だけに留まらない。若い頃に手にした中世思想史の一冊に、歴史の一般的発展段階として「学習期」（文法の重視）、「習熟期」（論理学の再発見）、そして「再表現期」（修辞学の全面活用）とあったと記憶するが、同様な段階的展開を、日本における宗教改革研究にも見ることが可能かもしれない。もっとも、この三つはいつでも、どこでも、時系列的に展開するわけではなく、むしろ史的研究への三つの関心の焦点とでも言うべきかもしれない。今後とも、期して待つところ大である。

そうなると、これまでの古代・中世・近世、そして現代という定型的なキリスト教史、あるいは世界史の教科書的時代区分を問い直す必要も生ずることだろう。「宗教改革」とは十六世紀の事象というくくり方ではあまりにも狭隘で、実は、「中世盛期」とも呼ばれる十三世紀後半から始まって、少なくとも十七世紀末まで続いた、キリスト教世界の継続的自己刷新運動の一つの切断面だったからである。そもそも、キリスト教史が不断の自己革新の連続でないとすれば、いったい何だったのだろうか。邦語既訳のペリカン、アッポルド等々、あるいは近刊予定のサンシャインなどは宗教改革史の概説書ながらも、このような方向を示唆していると思われる。

さてここまでは、いわば方程式、あるいは枠組みであり、そこに何を・どのように書き込むかが本題となる。限られた紙幅でどこまで可能かは分からないが、取り急ぎ試みることとしよう。

Ⅱ　七〇年間の展開

1．先達たち

もともと「歴史」history のギリシア語原義は、「調査」、そこから得られる「情報」、そしてその「記述」を包含すると教えられる。そうだとすれば、それはキリスト教史学についても妥当するはずであるが、この三局面を一人の個人の中で実現する困難は改めて言うまでもない。諸外国、ことにドイツなどでの少数の例外的巨人を別とすれば、戦後のわが国で先ず指を折るべきは、石原謙博士の存在となるだろう。没後間もなく『著作集』（全一一巻、一九七九年完）に収められた膨大な著書や論考、特に九〇歳を過ぎてから出版された『キリスト教の源流』と『キリスト教の展開』の二巻は、文字どおり「巍然として屹立」するの感で、やがてキリスト教史学研究で最初の文化勲章受章に至る大著であった。もっとも、駆け出しの若輩だった筆者が、おこがましくもある書評でこの古い語彙を用いたところ、博士自筆の私信で、「日本語の使い方に注意するように」と諭されたことを、今なお深い羞恥の念をもって想起する。博士は研究者であるだけに留まらず、教師、いな、牧師でさえあった。

同様な感懐は、それぞれの守備範囲や関心の所在の違いはあっても、有賀鉄太郎博士（『著作集』全五巻、一九八一年完）や熊野義孝博士（『著作集』全一二巻＋別二巻、一九八四年完）、著作集の類にこそ集大成されなかったにしても、『神の痛みの神学』（一九四六年）をもって知られた北森嘉蔵博士などもまた、優れた歴史感覚を持ち合わせていたことに疑いはない。狭義の教会史家をはるかに越えた日本の神学の構築者たちとして、忘れてはならない「先達者」群像である。そのように思うと、いろいろな意味合いで一九七〇年代が日本におけるキリスト教史学の一つの曲り角だったように思われてならない。以後は関心の細分化、さらなる源泉（原資料を含めて）への没入、しかもある意味では新しい総合への展開を暗示するかのように、多くの原典資料の膨大な日本語訳の刊行が始まるのもこの時期からである。

2．源泉への沈潜

僅かばかりの個人的体験を通してでも、「シリーズもの」の刊行が容易でないことは言うまでもない。立案・企画から始まって、執筆者なり訳者なりの選定・依頼、全巻を通して統一への目配りなどなど、あえて例示するならば、筆者も関わった『宗教改革著作集』の完結（二〇〇三年）までには、立案から四半世紀の歳月が必要だった。それだけに、恣意的な列挙となることを承知の上で、以下に例示するような全集ものの刊行は記憶に値しよう。順不同ではあるが、『キリスト教教父著作集』二二巻、『中世思想原典集成』二〇巻＋別巻、今なお進捗中の『キリスト教古典叢書』、『キリスト教神秘主義著作集』一七巻、『アウグスティヌス著作集』三〇巻、トマス・アクィナスの『神学大全』四五巻などであるが、これでもまだ古代・中世のキリスト教の一部に留まるのである。

それ以降となれば、上掲の『宗教改革著作集』一五巻はほんの一例にすぎないし、長い歳月にわたる労苦の末に完結した『改革派教会信仰告白集』（全六巻＋別巻、二〇一三年）も別な例として挙げなければなるまい。人物ごととなれば、『ルター著作集』計三輯、全三六巻刊行予定と聞けば、期待される完結はほとんど奇跡に近いとさえ感じられる。近世なら、『パスカル著作集』七巻+別二巻、『ウェスレー著作集』、『キェルケゴール著作集』等々、さらには、最近刊行が開始された『ジョナサン・エドワーズ選集』七巻など、文字どおり枚挙に暇がない。ただ、ただ、驚嘆すべき偉業と言わなければなるまい。「専門家はどうせ原典で読むのだから……」という冷めた言い方もあるだろうが、原典そのものを入手する困難、いわんや、求められる読解力を思えば、自国語で手に取り味読可能の僥倖に感謝のほかない。無論のこと、日本のキリスト教関連の資料集・著作集の刊行については、記すまでもないだろう。

実はこの間にも、これら日本語訳の基になった原典資料そのものの校改訂が、諸外国において絶えず進捗中である。筆者の聞知するかぎりでも、かの一〇〇巻にも及ぶ『宗教改革者著作集』の改訂・増補が、着々と進められている。新しい手写稿が、続々と「発掘」されているからである。プリンストン留学中の恩師ジョルジュ・バロワ教授が、説教直後に速記から平文に直されただけで、四〇〇年もの間、ジュネーヴの古文書保管庫で眠り続けていたカルヴァンのイザヤ書講解説教（中世後期フランス語）手写稿コピーを手元に置きながら、当時のこととて手動タイプライターを使って一字一字と打ち込み、その後、職人の手による植字を経て、ついには大版で六〇〇頁を越す上記著作集の「補遺」として出版される（一九六一年）までの過程を目の辺りにするのは、一種の学問的スリルだった。もっともこの頁数でも、僅かにイザヤ書一三章から二九章までの説教に過ぎないが、その行間からは若くして病弱だったカルヴァンの咳払いや、聴衆のざわめきまでも聞こえてくるようにさえ思えたものである。誰にでもできることではないが、「源泉へ戻る」ということの意味の一端を、身に染みて感じたのはこの時である。ついでながら、カルヴァンの死去は満五五歳をもってだった。

3.「総合」への勇気

言わずと知れたことながら、二〇一七年はルターの「九五条提題」から五〇〇年記念の年となる。すでに各方面では、さまざまな集会や出版などの企画が立てられていても不思議でない。実は一〇〇年前の一九一七年、宗教改革四〇〇年を機に、かのドイツの碩学ハンス・フォン・シューベルトが記念講演を行った。だいぶ経ってからではあるが、石原謙訳により『宗教改革の世界史的意義』（一九三一年）という書名で出版された。

亡父の書棚で背文字が懐かしかったこの冊子を、ある必要から最近再び手にしてみた。折から第一次世界大戦下のドイツという事情もあったのだろうか、シューベルトの論調では、ルターの「世界史的」（少なくとも、「ヨーロッパ史的」）意義は、それまでのローマ・ラテン精神からドイツ精神を救い出し、キリスト教の原初の使信を回復したところにあった、と読み取れた。実際、このころから精神史的類型論が日本を含めて語られ始め、キリスト教の歴史をへブル型、ラテン型、ゲルマン型などに弁別し、揚句の果てには「日本的類型」のキリスト教創出の必然性までが、少なくとも一部ではささやかれたものだった。

もともと類型論というものは、かのエルンスト・トレルチの「教会型」「分派型」「神秘主義型」で例証するまでもなく、きわめて便利で、時としては有効でさえありうる。キリスト教の歴史的展開を、相互に対等で、等しい妥当性を持つ諸類型の漸次的展開として解釈するこの手法が、例えば再洗礼派研究興隆の有力な引き金となったことは否定すべくもないが、かの博学極まりないトレルチにしても、アメリカ・キリスト教の特徴である「教派型」にまでは考究の目が十分には届かなかった。それを補おうとしたのが、リチャード・ニーバー教授の『アメリカ型キリスト教の社会的起源』（一九八四年。原題は『教派主義の社会的起因』〔一九二九年〕。原著出版から実に半世紀後の邦訳）だった。イェール留学中、このニーバー教授による「トレルチとバルト」演習が、ベイントン教授の宗教改革史演習と時間割上で重なって無念至極だったのを、昨日のことのように想起する。もしかするとこの種のやむをえない重複は、キリスト教の史的考察の暗喩なのかもしれない。いずれにしても、マックス・ヴェーバーにせよ、マルクスにせよ、トレルチ、あるいはカール・ホルにせよ、「総合への模索」に際しては、それぞれの選択肢の相互対等性を受け入れつつも、なおもその中から一つへと決断しなければならなかった、自己の選び取りそのものの相対性を十分に承認しつつも……。それが「歴史神学」の宿命とさえ思われてならないのである。

同じニーバー教授は、別な通年講義「キリスト教倫理学」の最終講において、牧会の現場へと巣立って行く卒業生たちのための「餞別の言葉」として、「より小さな悪を、それでもなお選び取る勇気を！」と言い残した。教授は、翌年夏には急逝された。「どうせ、どれでも同じこと」という平板な相対主義は、無責任な自己放棄にまで堕するだろうが、絶対的なる存在を知るが故の、すなわち超越者からの究極的「赦し」を信じるが故の決断、極言すれば「相対的相対主義」、それこそは、「諸君が牧師として歩むべき道なのだ」という勧めだった。キリスト教史学の一学徒として胆に銘じながらも、果たすべくしていかに困難なことだろうか。

そこで筆者の目下の関心事は、一〇〇年前と同様な関心によって、ある種の総合、あるいは総括が果たして可能であるのか、さらには、そこには何かしらの意義があるのだろうかという点にある。その意味で期待を抱かせるに足るのは、発端からかなり久しくなる、ローマ・カトリック教会とルーテル教会との間での本格的な神学対話・対論である。忍耐と苦悩に満ちていただろうその成果の一つとして公にされたのが、「義認の教理に関する共同宣言」（一九九九年。邦訳は二〇〇四年）だった。文字どおり刮目に値する成果ではあるが、率直なところ、相互の立場の基本的差異を認め合うに留まった、などと書いては言い過ぎ、あるいは言葉足らずだろうか。両者の間には判断基準、共通の権威規範が分かち合われていないようだからである。再び粗雑な比喩を借りるならば、野球なら硬式と軟式、あるいはソフトボールとの間では、有意味なゲーム展開にはならないようなものかもしれない。

目下、継続的な対話の主題は、教皇の裁治権に絞られてきていると聞かされる。そのさらなる成果は、刊行されたばかりのカトリック教会とルーテル教会共同委員会訳の『争いから交わりへ』（二〇一五年）において目にできることだろう。しかも喜ばしいことに、五〇〇年記念に際しては少なくとも合同の礼拝が計画されている由である。もっとも、果たしてどのような形で、ミサ聖祭と主の晩餐とが同じ礼拝堂で祝われうるのか、願わくは自分の目でも確かめたいところである。

いずれにしても、両教会は少なくとも対話の席には着いたのである。日本語としては馴染まないかもしれないが、「異者」を互いに「他者」として認め合うこと自体が出発点となるはずではないだろうか。「異者」の存在までなら、事実問題として我慢強く認め合えるかもしれないが、「他者」を、しかもその主張の真理性までも、受け容れ合うことは途方もなく困難である。この場合には、最終的に引き出される結論はそれぞれ異なり続けるとしても、少なくとも共通の判断基準だけは承服し合えなければなるまい。残された問いは、それをどこに・何に求めるかだろう。いずれにしても、聞知するかぎりでも、同様な対話の試みはすでにカトリック教会と東方教会および聖公会、そしてルーテル教会と聖公会の間でも始まっている由、継続と伸張が期待されるところである。それもまた、「歴史」研鑽が生み出す実りの一部にほかならない、と確信したい。

4．引き金と衝撃波

戦後七〇年のわが国における「歴史神学」を瞥見すると、少なからず粗放な言い方かもしれないが、ある特定の個人（時としては、共同研究）の学問的業績が「引き金」となって、関連する分野において、あるいはそれをさえ越えて、大きな衝撃波を引き起こした実例をいくつか数え上げられそうである。「門外漢の愚挙」とのそしりを免れないのを承知の上で、限られた例を挙示することにしよう。

私見によるならば初期キリスト教史研究については、例えば荒井献教授の『原始キリスト教とグノーシス主義』（学士院賞受賞、一九七一年）、中世キリスト教史となれば、堀米庸三教授の『正統と異端――ヨーロッパ精神の底流』（一九六四年）などがその顕著な実例と思われる。前者は新約文献の中でも散見され、これまで非正統、異端、異教とさえみなされてきたもろもろの類型のグノーシス思想を、新発見の原資料に基づきながら再検討しようとする試みで、その後も学統を継承する研究者たちによって多くの成果が公にされている。

他方、後者はそれより数年早く、中世のもっとも顕著な「異端」運動とされてきたカタリ派を取り上げ、正統カトリック教会の教義や典礼における連続性と非連続性に、再検討を加えようとする努力の成果で、新書版の小著ながらも大きな問題提起になった。たまたま前記バロワ教授の中世史演習において、カタリ派の「聖典」とでも呼ぶべき『二元理の書』を読まされていたこともあって、帰国早々に本書を手にして納得すると同時に、大きな刺激を受けたことを想起する。折からの学生運動では、正統と非正統の絶対矛盾は、政治・社会・経済・文化的「体制」と、それらの全否定である「反体制」の相剋にまで投影されたと言えまいか。加えて、文学作品としても、堀田善衛『路上の人』（一九八五年）、あるいは佐藤賢一の『オクシタニア』（二〇〇三年）などが生み出されるに至った稀有な例である。

「宗教改革の時代」においても、堀米教授の上記新書版は、再洗礼派をも含む「徹底的宗教改革」（呼称の別はあっても）研究の位置付けにも関わりを否定できない。

個人的関心に引き寄せすぎるとのそしりを承知の上で、なお少し加えるならば、上掲のシューベルトの該博な『教会史綱要』（原著一九二八年、邦訳一九六三年）では、再洗礼派についてはただの半行「聖像破壊的蛮行と常軌を逸した主観主義」とあるだけだし、二十世紀半ばまでは、英語圏で標準的宗教改革史の一つとされていたプリザーヴド・スミスの『宗教改革の時代』（初版一九二〇年）では、「貧しく無教育な無産階級の代表者、極論の徒輩、社会変革を切願しながらも、その実現不可能性を判別する教育をさえ欠いたプロレタリアート、一言にして十六世紀のボルシェヴィキ」と決めつけられていた。前掲ベイントン教授の演習でたまたま筆者に割り当たったのが、このスミスの宗教改革史読書報告だった。為す術もなく、内容をそのまま紹介するほかなかったのだが、教授は穏やかな語り口ながらも、このような固定観念に捕らわれた解釈の危険と誤謬を、受講の院生たちに向かって「決然」と語り聞かせた記憶が鮮明である。教授が目を細めながら「全巻、最初から揃っているよ」と指さしたのは、*Mennonite Quarterly Review* だった。数十年経った今では、研究者の教会的帰属や最終的価値判断は別としても、この巨大な運動（＝「徹底的宗教改革」）に触れずして宗教改革を語ることは、わが国でももはや不可能になったと言わなければならない。本誌までが、「旅する教会――再洗礼派と宗教改革」と題して、二年にわたって若手研究者たちによる連載を試みたほどである。

無論のこと、その背後には世界的規模でのこの分野における拡幅と深化が潜んでいた。英語圏だけを考えても、ジョージ・ウィリアムズ教授の大著『根源的宗教改革』（一九六二年の初版は約九〇〇頁。二〇〇〇年の第三版では実に約一五〇〇頁に増補）を始め、メノナイト史家を含む多くの研究者、ベイントン教授の数々の論著などが直接・間接に、わが国の宗教改革研究の拡張に及ぼした影響は言うまでもない。ベイントン教授は堅固な一次史料に依拠する学識を、流麗な文体で表出する諸著作によって、ルターの著名な伝記（『我ここに立つ』）から、「異端」のセルヴェトゥス伝、寛容論の提唱者カステリョ伝までも広く記述が及んだが、それでも、自分の拠って立つ視座は揺らぐことがなかったのである。

筆者がバーゼル大学に研究滞在中の指導教授だったエルンスト・シュテーリン博士は、当地バーゼルの宗教改革者エコランパーディウス研究の世界的権威だったが、筆者も伴われて出席した同市の歴史協会のある研究会で、「御先祖様」たる宗教改革指導者たちの再洗礼派に対する数々の犯罪的迫害を率直に批判し、真摯な「罪責告白」を公にした勇気と謙虚さに、心底からの感動を覚えざるをえなかったのを今でも鮮明に思い起こす。拙著『再洗礼派』（一九七〇年）の執筆も、この出来事がある意味で引き金になった。

当然のことながら同様な衝撃波は、いわゆる主流（時として「官憲的宗教改革」とも呼ばれる）宗教改革研究においても、急速・広汎な拡がりを見せた。ルター研究における徳善義和教授ら、カルヴァン研究における渡辺信夫博士ら、イングランド教会史研究ならば八代崇教授らなど、とても、とても、枚挙に暇がない。ここでは氏名を列挙することはあえてしないが、一、二世代若い多数の研究者たちの地道で堅実な、一次資料を活かし切った多くの業績については言うまでもない。

そこからさらに日本キリスト教史であれば、例えば、鈴木範久教授や土肥昭夫教授の名も忘れてはならないだろう。土肥氏の目配りは、日本の各個教会が自分たちの過去を記述・編史するに際しての手引きにまで及んでいた。他方、数年前に十年を越す辛苦の末に刊行をみた『キリスト教学校教育同盟百年史』（全三巻、二〇一二年）は、プロテスタント・キリスト教の教育的貢献の詳細な歴史的記述にほかならないが、そこには明治以降長く日本のキリスト教学校を苦しめてきた、教会と国家、宗教と政治の苦渋に満ちた葛藤、さらには今後の展望までも包含されている。

なお、同志社や明治学院などをはじめ、多くのキリスト教学校が創立一〇〇年をはるかに越すが、各個学校史編著の史学方法論における進歩も見逃せない。古い学校史の記述法と比べれば、国内資料だけに留まらず、かつて関わりのあった関係外国諸教会や諸関連機関などに保存されてきた膨大な原資料の収集・解読・活用の跡が顕著だからである。何よりも、現在の日本のキリスト教史についても、その評価を別としても、あらゆる意味で絶大な影響を及ぼし続けてきているアメリカのキリスト教の在り方に、より広い視野に立つ堅実な研究の促進がいっそう望まれるところであろう。遡行的に過去あっての現在であることは、言わずもがなだからである。アジア、アフリカ、中南米など、いわゆる第三世界のキリスト教の伝播と変貌も忘れてはならない境域であるが、ここでも再度、言うべくして行うことの困難さは避けがたい。

Ⅲ　非完結的結び

上記のように「歴史」には、先ず一次資料の収集・整理、次いでその理解と把握、最後に、それに基づいてさらなる展望を含む記述が不可欠である。これらは時間を追って、次々と階段を昇降するように展開されるというわけではなく、三つの作業が同時平行的に、しかも当事者が誰であれ、共同体全体の営みとして続けられなければならない。終わるに当たって、これらの営為の単にローカルな、しかも、差し当たりは個人的な試みに留まる企図として始まった、仙台での事例紹介をもって拙稿の「非完結的結び」に替えたい。

つい最近、旧教派的背景を同じくする仙台市内の三つの教会と二つの学校の関係者による、内輪な会合が開かれた。きっかけは、四年前の東日本大震災だった。公私を問わず、各地・各所の多くの貴重な古文書や記録類が、震災によって甚大な被害をこうむり、修復不可能なほどにまで毀損された事例が少なくないことは言うまでもないだろう。そこで、これらの関係諸教会・学校で保存されてきた貴重な一次資料の所在、内容、保存法などを相互に確認し、共通の方法でデータ化して保存してはどうかと思われたのが端緒だった。

三教会も両学校もそれぞれ創立から百数十年を閲し、幾度もそれぞれの各個教会史や学校史を編纂してきたし、その度に執筆の責めを負った者たちが、他の史的成果を活用する点で怠りなかったのは事実だとしても、その後の永続的資料保存にまでは、関心も成果も及ばなかったのも事実である。この点での打開策に道を備えよう、というのが過日の予備的会合における同意事項だった。無論、そのための時間、経費、人材育成などなど、予測のすべさえもないのが現実であるが、長い視野で見れば必要不可欠な措置と思われる。その継続が望まれる次第である。

無論のこと、現実には問題も少なくない。例えば、一見したところではきわめて単純な会員原簿にしても、個人情報の処理は決して容易でない。現に過日の打合せ会で、「きわめて差し障りない」事例として、仙台最古の教会の最初の受洗者名がパワーポイントで示された。別な教会からはその名前が、自分たちの教会では伝道者として記憶されているとの反応があり、それではいつ・どこで神学教育を受けたのだろうか、と学校側から質問が出る。神学部卒業名簿には記載されていないからである。それでは、「信徒伝道者」だったのではないかとの別な意見、果たして、そのような制度、ないしは位置付けがあったのか、とさらに別な質問が発せられ、結局は今後の研究課題として残すことで決着した。もしも事例が、集まった関係諸教会の会員原簿でも決して稀でない「陪餐停止」のような「戒規」処分であるような場合、個人情報にまで及ぶこととなるだろうし、どこまで公開可能なのだろうか。僅か二時間余の会合でも、すでに課題の重さを予測させるに十分だった。五〇〇年前の、ジュネーヴ長老会記録の公開とは別問題なのである。

それにもかかわらず、いつの日にかこのようなネットワークが全国的規模にまで拡張され、どこからでもアクセス可能となるならば、日本におけるキリスト教史の資料収集・記述と公刊への比類ない貢献とならないだろうか。このIT時代にそれは決して「真夏の夜の夢」に留まらないはずである。それはまた、日本におけるキリスト教史学が、ようやく成熟期（自己表現期）に達しつつあることの傍証としても役立つことだろう。このような将来への熱願をこめて、拙稿を閉じることとする。

（『福音と世界』２０１５年７月号所収）

戦後・組織神学の歩みと課題

芦《あし》名《な》定《さだ》道《みち》

1956年生まれ。京都大学大学院教授（キリスト教学）。京都大学理学部、文学部、同大学院文学研究科で学ぶ。文学博士。現代神学との対話を意欲的に進めている。著書に『ティリッヒと現代宗教論』『ティリッヒと弁証神学の挑戦』『自然神学再考』他。

一　はじめに――組織神学とはいかなる学か

戦後70年の日本の組織神学の歩みを振り返り、今後を展望すること、これが本稿に与えられた課題である。しかし、この課題に取り組んでみてすぐに気付くのは、組織神学の歩みを辿るのが、思いのほか難しいということである。聖書神学や歴史神学については、その対象（聖書、古代教会、宗教改革など）に即してそれぞれの学問領域の輪郭を描くことは比較的容易かもしれない。では、組織神学はどうだろうか。キリスト論を取り上げれば組織神学になるのだろうか、あるいは古代キリスト教を代表する組織神学者オリゲネス（『原理論』の著者！）を論じれば組織神学的な研究と評価できるだろうか。また、戦後日本を代表する組織神学者として熊野義孝（『教義学』）を挙げることには異論がないとしても、北森嘉蔵（『神の痛みの神学』）はどうだろうか。というわけで、組織神学の歩みを振り返るためには、まず組織神学の輪郭を確定することが先決問題であることがわかる。そして、まさにここに現代の組織神学が直面する苦境・危機が存在するのである。

本稿では、組織神学について、とりあえず、次のような輪郭を設定することにしたい。これは、わたくしの専門領域の一つであるティリッヒの『組織神学』（第一巻・序論の議論）に依拠したものであるが、組織神学を広めに理解することを可能にする点で有益と思われる――以下におけるティリッヒの議論は事実上多くの組織神学に妥当するであろう――。たとえば、ティリッヒは、組織神学の使用する資料がほとんど無制限に豊富であるとして、「聖書、教会史、宗教史、文化史」の諸テキストや諸事象のすべてが組織神学に関連づけられ得ることを示唆する。実際、以下に見るように現代の組織神学が取り扱うべき問題はきわめて多岐にわたっており、ティリッヒの指摘に従えば、『神の痛みの神学』も十分に組織神学的著作と評することができる。つまり、『神の痛みの神学』は取り上げられた資料との関わりで聖書神学や歴史神学に数え得るとしても、聖書やキリスト教史に関連する資料の多さは、組織神学であることと矛盾しないからである――むしろ、「神の痛み」が資料を関連づける規範として設定されている点で、優れて組織神学的である――。なお、同様の理由から、本稿では、組織神学は教義学、倫理学、弁証学を包括するものと考えたい（『岩波キリスト教辞典』の近藤勝彦による「組織神学」の項を参照）。

では、組織神学は、手元に集められた膨大な資料をどのように扱うのであろうか。ティリッヒは、この資料群を「状況とメッセージ」という枠組みによって構造化し議論を進める。すなわち、組織神学者は自らが生きる「現代」（状況）と自らが立つキリスト教的伝統（メッセージ）との両極構造において資料を用いて作業を進めるのである。しかし、この点は聖書神学者も歴史神学者も実践神学者も同様であり、組織神学の独自性は、「組織」「組織化」という点に求められねばならない。本稿では、「組織」について も、根本原理（諸原理）から論理的に導出された知識の体系的な総体という意味に限定するのではなく、多様な資料を神学者の現在の視点から相互に関連づけることによって形成された知のネットワークをも包括するものと考えたい。このように考えると、諸資料を特定の視点から相互に関連づける作業を行う研究者はすべて「組織神学的」な研究を行っていることになるが――事実上また潜在的にそうである――、明晰な仕方で論を進めるため、当面は明らかに組織神学に分類される文献に議論を絞りたい。ティリッヒはこの組織化を行うための視点を「規範」（Norm）と呼んでいるが、組織神学者は、聖書を中心に多岐にわたる諸資料を一定の規範にしたがって統合し、議論を行うのである。ティリッヒは、神学的知を組織化する規範とキリスト教諸伝統とを対応づけつつ、次のような具体例を挙げている。古代ギリシャ教会の「不死の生命と永遠の真理との受肉による有限的人間の死と誤謬とからの解放」の規範、ローマ教会の「神人の現実的でサクラメント的な犠牲による罪と壊滅とからの救済」の規範、「信仰による義認」と「聖書原理」とからなる宗教改革的規範（カルヴィニズムでは「予定説」の強調を伴う）、近代プロテスタンティズムの「人間存在の人格的、社会的理想を表す『共観福音書』のイエス像」、二〇世紀プロテスタントの「旧新約聖書における預言者的な神の国のメッセージ」。そして、ティリッヒの組織神学では「キリストとしてのイエスにおける新しい存在」である。もちろん、こうした諸規範は相互に排他的なものではなく、伝統に規定されたキリスト教的規範の内部における強調点の多様性と考えられねばならない。ここでは、組織神学の規範が神学者の所属する教派的な伝統と緊密な関連を有している点をご記憶いただきたい。

二　戦後70年の組織神学の動向

以上のように組織神学の輪郭を描いた上で、戦後70年の組織神学の歩みを概観してみよう。『日本神学史』（ヨルダン社、一九九八年）第二章で佐藤敏夫は、次のように論じている。

「戦前の一〇年間（昭和一〇年代）を振りかえってみると、そこに見出されるものは、バルト神学の圧倒的影響力」であり、「一種のバルト神学の正統主義化が生まれた」（一二〇頁）。「戦前から出発した神学は、このこととの連関において理解されねばならない」が、特筆すべきは「正統主義化されたバルトをどう乗り越えようとしたか」であり、その代表が北森嘉蔵の『神の痛みの神学』なのである（一二一頁）。

これは、戦後の組織神学の出発点を理解する上で重要な指摘である。なぜなら、後に見るように、バルト神学の規定する問題状況（バルト神学の正統主義化とそれに対する反論）から多様な争点・テーマへの解体という動きこそが、戦後の世界的な組織神学に特徴的な動向であり、日本の組織神学はそれに大きく規定されているからである。本来ここで、この七〇年間における日本組織神学の成果を列挙すべきと思われるが、紙幅の関係上これは省略せざるを得ない。関心のある方は、日本基督教学会の学会誌『日本の神学』に書評が掲載された組織神学関連文献をご覧いただきたい(http://www.gakkai.ac/jscs/journal/)。ちなみに、『日本の神学』創刊号（一九六二年）で、山本和は、日本における「教理学・組織神学」の戦後史を第一期（一九四五―五一年）、第二期（五二―五六年）、第三期（五七―六二年）に区分しているが、取り上げられる文献は、通常の組織神学の範囲を超えて、聖書神学、歴史神学に及んでいる。

バルト神学を軸とした問題状況から出発した戦後日本の組織神学――もちろん、わたくしが比較的深く関わっているプロテスタント神学の動向（の一部）を中心に述べればではあるが――は、大学の神学部や神学校における教育カリキュラムの主要科目として設定され（「組織神学」以外の名称も含めて）、そこでは専門講義や演習が行われ、その成果は膨大な論文や著書として刊行されてきた。何よりも海外の著名な組織神学者（特にバルト、ボンヘッファー、モルトマンなど）に関連した翻訳はきわめて盛んである。

一見すると、組織神学は活況を呈しつつ現在にいたっているとの印象を受けるかもしれない。しかし、この圧倒的な成果の下に、日本における組織神学研究の危機的状況が潜んではいないだろうか。たとえば、組織神学者が所属していることが期待される日本組織神学会であるが、少なくともわたくしが関わりをもつようになった一九九〇年代以降（わたくしは一九九三年と二〇〇四年に学術大会で研究発表を行い、二〇〇三―〇四年まで学会委員を務めた）、学会活動はきわめて低調であって、現在は活動停止状態にある（と思われる）。日本組織神学のこの現状にはさまざまな要因がからんでいるものと思われるが、日本における戦後70年の組織神学の状況がここに一定程度反映されていることは否定できないであろう。組織神学の活況についても、その中身をよくよく点検すれば、海外の著名な組織神学者についての個別的な思想研究がその大半を占めており、日本人組織神学者のオリジナルな思索に基づく組織神学体系は、わずかな例外を除いて、いまだ具体化されていないのである（この例外として、本稿執筆中に急逝された栗林輝夫の『荊冠の神学――被差別部落解放とキリスト教』が挙げられる）。

本稿では、この日本の組織神学の危機的状況について、いくつかの論点を提示することによって、戦後70年の歩みを分析し、課題を示すことを試みたい。まず、指摘すべきは、日本の組織神学は、良くも悪くも欧米の組織神学の輸入・翻訳を中心に動いており――翻訳は学問の最重要基盤であり、良質な翻訳が次々現れることは決定的な長所であるが、しかし、それだけでは神学としてあまりにも未熟である――、フェミニスト神学が低調であるなどの点は別にして、日本での動きは世界的な神学動向をもっぱら後追いする仕方で推移してきている点である。ここで、森田雄三郎による戦後から一九八〇年代までの欧米の神学状況についてのコメントを引用してみたい（森田雄三郎『現代神学はどこへ行くか』〔教文館、二〇〇五年〕に所収の「現代神学の動向」より）。

「バルトやブルトマン、あるいはティリッヒやニーバーといったいわゆる大物が存在せず、まさに神学の戦国時代に突入した感がある」（三二頁）。

これはそのまま日本の神学状況にも当てはまる。そして、「六〇年代以後に現われた新しい神学的動向のうち有意義と思われるものだけを挙げるならば」として、森田は、「解釈学としての神学」、「歴史の神学（宗教学・宗教史の神学、科学論の神学）」、「希望の神学・革新の神学（解放の神学）」、「プロセス神学」の四つの流れを取り上げ、それぞれについて分析を行っている。森田による分析の中身をここで紹介することはできないが、欧米のプロテスタント神学が、バルト以降（一九六〇年代後半以降）、急速に多様な方向へと分岐し、組織神学の全体的な動向なるものを描くことがもはや困難になっていることは明瞭であって、これが日本の組織神学の現状を規定している点に留意しなければならない。

実際、現代の歴史的思想的状況が組織神学に突きつけている問い（→争点）は、科学技術、環境、いのち、性、多元性、国家、戦争など、きわめて多岐にわたっており、組織神学は混沌とした状況にある。こうした混沌の中で膨大な資料を組織化することがいかに困難な作業であるかは容易に想像できることであり、ここに、現代において伝統的な形態の組織神学が困難に陥っている理由の一つが見出される。研究者の関心も実際の仕事も、神学的知の体系化から個別的な諸問題・諸テーマへとシフトするのは当然の成り行きかもしれない。多様化は一方では知の豊かさの母体となるものであるが、他方で、過剰な多様化はむしろ知の専門化と縮小とを帰結することになりかねない。知の縮小傾向のもとでの専門化は組織神学を陳腐化させ窒息させる恐れがある（これは神学教育における組織神学の困難さとも無関係ではない）。

この問題・争点の拡散とそれに伴う組織神学の解体という事態（＝複雑な問題状況を組織神学として統一的に解釈し批判する視点が見出しにくい）をさらに掘り下げて分析するとき、その背後に見えてくるのは、近代的知の特有のあり方（制度的再帰性とその帰結）であり、先に見た「規範」の問題は、これに関連している。そこで、次に近代的知の問題へと視野を広げ、そこから規範の問題に戻ってくることにしたい。

三　近代的知の状況とその帰結

現代の組織神学の危機の原因をさらに掘り下げるため、視野を啓蒙的近代へと広げ、現代までの二〇〇年あまりの間に何が起こっていたか検討することにしたい。というのも、「現代と近代の間には明瞭に一線は引きがたい」（森田、三二頁）と言われるように、現代の問題は近代以降の問題連関を見通すことを要求するからである。ここでは、キリスト教神学をも規定する近代的知の特質を、アンソニー・ギデンズ（『モダニティと自己アイデンティティ――後期近代における自己と社会』ハーベスト社、二〇〇五年）を参照しつつ整理することにする。

キリスト教的な学問・知識も、知識一般がそうであるように、古代から一貫して諸制度との関わりにおいて存在してきた。それは知が基本的に公共の事柄であること、つまり知が他者とのコミュニケーションにおける共有と相互吟味を経て改訂され蓄積され伝統を形成するという点に基づいている。キリスト教的知と制度との具体的な結びつきは、知の担い手がどのような制度に所属してきたかという観点から理解できる。キリスト教的知の担い手は、初期の教会的聖職者からなる司教制度から始まり、それに修道制、そして大学といった諸制度を加えつつ、しかも、司教制度から修道制、大学へとその比重を移しつつ活動してきたのであり、キリスト教的知とは優れて制度的な営みなのである。しかし、近代という時代にいたって、公の知的世界はいくつかの構成要素を増幅させることによって、大きく変貌することになる。これがギデンズの「制度的再帰性」（the institutional reflexivity）の問題にほかならない。

まず再帰性について簡単に説明を加えておきたい。知の担い手としての人間は、自らの周囲に広がる世界を知の対象とするだけなく、自分の活動自体を反省的に対象化する点にその特徴がある。これが、自己参照性、自己関係性などという仕方で論じられている人間精神の構造であり、キルケゴール（『死に至る病』）が人間＝精神＝自己を「関係が自己自身に関係するというそのこと」と述べたのはまさにこの論点に関わっており、ギデンズが言う「再帰性」とはこのメカニズムにほかならない。したがって、再帰性は近代だけの問題ではなく、人間が人間となったそのとき以来、常に人間を規定してきた構造なのである。しかし、近代はこの再帰性を近代特有な仕方で「制度化」し現在にいたっている。

近代哲学の起点に位置するデカルトを取り上げてみよう。デカルトが「懐疑」を知の方法論的基礎（コギト・エルゴ・スム）として提示したことの画期的な意義はよく知られた事柄であるが、それ以後、知は「懐疑」に繰り返し曝されることによってのみその確実性が担保されることになった。近代的知はこの「懐疑」という知の再帰的な構成要素を独特な仕方で制度化することによって成立したのである。実証主義的な近代の自然科学において強調される「観察」「実験」と「検証」という手続きは、懐疑の制度化として近代を特徴付けるものなのである。こうして近代的知のプロジェクトは繰り返し吟味された確実な知の原理から包括的な知の体系の構築を目指す試みとして推進されることになった（現代物理学における大統一理論の構想はその典型）。この近代的な知の制度は、キリスト教的知に対しても、次のような仕方で強力に作用している。

①神学におけるプロレゴメナ・方法論の肥大化

近代以降の神学思想において「プロレゴメナ」の神学体系内で有する比重が著しく増大する傾向にあることは、神学の体系構築に方法論的基礎を与える作業がきわめて困難になりつつあることを示すものであって、これはまさに現代の組織神学の特徴と言える。組織神学が学的知としての資格を有することを教派的伝統や権威によって根拠づけることはもはや手続き的に許されない。方法論的な緻密な検討をまず行った上ではじめて――たとえば、大木英夫『組織神学序論――プロレゴーメナとしての聖書論』（教文館、二〇〇三年）が行っているような聖書の神学的解釈方法や啓示論などの詳細な論究――、神学体系自体の内容記述に取りかかることができるのである。この結果、組織神学の体系構築はますます困難な作業となり、戦後日本の組織神学がいまだ本格的な神学体系を生み出し得ていない理由の一端はここに見出される。神学体系を構築することは古代から常に困難な知的作業であったが、懐疑の制度化によってそのハードルは異常に高くなりつつあるように思われる。よほど安定した研究環境において、長期的な研究計画の元で、たゆまぬ努力を継続することがその不可欠の条件であると言わねばならない。

②宗教経験との接続を通した実証性の確保

近代的知は、観察や実験という方法論手続きが示すように、確実な知であることを示す証拠、つまり論証・言明の実証性を要求する。神学が対象とする啓示に基づく知について単純な実証性を論じることは困難であるとしても、組織神学的言明と聖書テキストとの関連づけの実証性、あるいはキリスト教的生を生きる個々の人や共同体の経験との実証的な繋がり（接続）を無視することは不可能である。シュライアマハーの信仰論の構想はこうした近代的知の文脈に位置しており、近代聖書学におけるイエス伝研究も歴史的知の実証性をその動機付けとしていたと解釈できるであろう。こうした知の実証性の要請は科学的方法論として制度化されることによって、神学的知にも隣接する諸学問との関連づけにおける吟味を要求し、特に組織神学的研究が目指す知の組織化の作業の場合、その要求はしばしば個々の研究者の力を遙かに超えたものとなる。こうして、十分な包括性を有する神学体系の叙述は、戦後の状況にいたって、個人の手に余るものとなった。

③知の公開性（知の公共性の一様態）

近代的知は、学問成果の公開性を要求する。伝統的な宗教が大切にしてきた「秘密の知識」（密教）は、学問世界では場を失って久しい。先生から生徒へと伝授され習得が求められた伝統的な学的作法も、マニュアル化され公開されることが求められている。この傾向は戦後においてますます明瞭になり、インターネットの普及は、この公開性の理念の実現を現実のものとなしつつある。この知の公開性は教派などが蓄積伝承してきた特殊な知識の意味を相対化し、いわば知識を均一化（標準化）することになった。神学的知もこの公開性の原則を免れることはできない。

以上が近代的知における知の制度化とそのキリスト教神

学に対する影響である。この制度化をさらに具体的に見るために、大学・学会・出版の三者が構成する知の制度的形態に注目してみたい。

研究者の組織的共同体としての大学の存在は、中世に遡るものであり、キリスト教神学はその中に位置してきた。神学部、神学校は、近代以降、現代においても、キリスト教的知識の中心を担っている。しかし、一九世紀になり、研究者の組織化は専門領域ごとに設立された学会という組織を生み出し、知の共有と評価の基準構築（知の標準化）――問題設定と方法論の共有、知の「新しさ」「独創性」の判断基準――が進められてきた。その起源は一七世紀のイギリスの王立協会にまで遡ると言われるが、現在大学で講義されている諸学問領域に関連した学会の成立は、おおむね一九世紀後半以降、比較的最近のことである（日本宗教学会は一九三〇年、日本基督教学会は一九五二年）。学会は今や近代的知の制度化の基盤として機能しており、その役割はますます大きくなりつつある。しかし、大学も学会も、近代的知の制度化が要求する公開性を長い間十分な仕方で実現することができなかった（インターネットの普及はこの状況を劇的に変えつつある）。この際に、大学と学会において生み出され公認された知的成果の公開に対して物質的基盤を提供したのが、出版業界だったのである。キリスト教神学に関してもキリスト教系の出版社が果たしてきた役割は決して周辺的なものではない。このように、大学・学会・出版の三者は、近代の制度的再帰性における知的世界の構築に対して、その実体的基盤として機能してきたのである（なお、この制度が、近代市民社会のイデオロギーの担い手であったことは言うまでもない）。

キリスト教神学に対して、近代的知の制度的再帰性はさまざまな影響を及ぼしてきたわけであるが、組織神学との関連で注目すべきは、伝統的な知の主体であった中間共同体の相対化である。先に規範の議論において見たように、キリスト教的知（組織神学）においては、特に宗教改革期から一九世紀にかけて、教派的伝統が決定的な役割を果たしてきた。組織神学の伝統的形態は、組織化の規範が教派的伝統に根ざしていることからもわかるように、教派的制度に大きく依拠してきたのである。しかし、近代的知の進展に伴う大学・学会・出版という知の制度化は、こうした教派の役割を低下させることになった。というのも、キリスト教研究の基準が、学会レベルで推進された近代的学の標準化に準拠する仕方で設定されることにより、教派的伝統に固有の基準の意義は相対化されざるを得ないからである。また同時に、教派的伝統を超えた知の標準化は、研究における神学者個人の比重を相対的に高めることになった。二〇世紀の教義学・組織神学における代表的著作が、著者である神学者が有する教派的背景よりも、むしろ神学者個人の思想的個性によって規定される傾向にあることは——組織神学（体系構築）も第一義的には思想家個人の営みとなる——この変化を如実に示している。こうして、近代的知の制度的再帰性はキリスト教世界全体と神学者個人との中間レベルに位置してきた中間共同体としての教派を相対化し、組織神学において要求された組織化の諸規範をしだいに解体するものとして作用することになった。この相対化と解体の動向がそれに対抗する動きを生み出してきたことも無視できない事実ではあるが、近代的知が組織神学に及ぼした大きな変化はもはや打ち消すことが困難になっている。この教派的伝統の揺らぎ・曖昧化こそが、戦後70年の間に顕在化した組織神学の危機の背景にあるものなのである。

キリスト教神学においては、この近代的知の制度化に加えて、さらにエキュメニズムの進展が教派的伝統を相対化するものとして作用し、日本においても、この相対化の動向は戦後著しい進展を見せている。もちろん、教派的伝統に代わって組織神学に規範を提供できる新しい共同性が実現し、それがエキュメニカルな規範とでも言うべきものを提示できるのであれば、その基盤の上で組織神学を構築することも十分期待できるかもしれない。しかし、教派的伝統が後退する中、いまだエキュメニカルな規範は見出されていない。ここに組織神学の苦境・危機が存するのである。

四　むすび

本稿は、戦後70年の組織神学の優れた成果を認めつつも、そこに組織神学の基盤を揺るがす危機が進展しつつあったこと、それが現在組織神学の混迷をもたらしていることを確認した。戦後70年が組織神学に投げかけた多くの問題の中で、たとえば、環境破壊と原発事故に注目するならば、教派的な知の地平を乗り越え、さらには宗教間の対話をも促進しうる「エキュメニカルな組織神学」の構築が最重要課題であることは疑い得ない。しかし、この課題への取り組みはいまだ途上にある。問題はこのエキュメニカルな組織神学は教派的伝統を単に否定的に乗り越えた先に構想されるのか、あるいは、教派的な伝統はその積極的な意義を保持しつつエキュメニカルな組織神学に貢献できるのかである。もし、エキュメニズムが宗教間対話に開かれたものとして自らを実現しようとするのであるならば、それは啓蒙主義的近代が追求した抽象的な普遍的知とは異なる知の構想を要求し、そして、それにふさわしい制度化が求められねばならないであろう。

矢内原忠雄（「宗教改革論」）は、一九四〇年に全体主義の「大きな波」に対して、「若しこの生きた時代の問題に対して基督教が何ら光明を与へることが出来ないものとすれば、基督教は個人主義と共に過去に葬られてしまふべきものだらう」と述べた。戦後70年はいわば長い休戦期間であって、現代日本が直面しつつある「次の戦いの時」（改憲と原発）に備えるべき時代であったように思われる。この進行しつつある現代の危機に対して、戦後70年の組織神学は十分な備えをなすことができたのか。この判断は読者に委ねねばならないが、最後に森田雄三郎の次の指摘によって本稿を締めくくりたい。ここにわたしたちの課題がある。

「長い目で見れば、聖書に基づいて、精神の内面性の深みをいっそう深く探ること、技術社会における人間の生存の問題に正面から応えること、聖書的個人道徳のみならず非神話化された歴史の目標と社会倫理をこれと媒介させて世界平和の確立に貢献すること、これらの三点を満足させる神学、『技術社会の主イエス・キリスト』を思索し抜くことができる神学のみが、現代に生き残ることができるであろう」（四八頁）。

（『福音と世界』２０１５年８月号所収）

戦後日本の実践神学の展開

――「牧会百話」から「教会と世界の関係を問う」学へ

中《なか》道《みち》基《もと》夫《お》

1960年生まれ。関西学院大学神学部・神学研究科修了。ハイデルベルク大学にて神学博士を取得。日本基督教団神戸栄光教会、城之橋教会の牧師を務めた後、ドイツ・ヴュルテンベルク州教会世界宣教チーム協力牧師を経て、現在関西学院大学神学部教授。著書に『現代ドイツ教会事情』『天国での再会――日本におけるキリスト教葬儀式文のインカルチュレーション』他共著・訳書など。

はじめに

もう四〇年も前の話になるが、中学時代、ある女性の数学の教師から「教頭先生から、『あなたは女性だから家庭科も教えられるでしょう』と言われて、腹が立った」というような話を聞いたことを覚えている。現代はどうなのだろうと少し調べてみたが、いまだにこの風潮は残っており、特に小規模校では免許外教員が家庭科を担当しているということである。その理由として、主として財政的な理由が挙げられているが、それとは別に「女ならだれでも教えられる」という考えがあることが紹介されている[1]。

日本には「牧会経験者なら実践神学を教えられる」という考えはないだろうか。教会で一〇年も働けば少なくとも五〇〇回ぐらいは説教をすることになり、その経験から説教の作り方を神学生に教えることはできるだろう。また、牧会上の様々な経験や知恵を伝えることはできるだろう。

第二次世界大戦後の関西学院大学神学部の講義要綱を見ると、実践神学の専任教員が配置されているものの、一九九〇年あたりまで牧会学や実践神学概論は牧会経験のある聖書学の教員が担当している。現にわたし自身も、大学院では新約聖書学で修士論文を書き、その後一五年ほど教会で働いた後に、実践神学担当の教員として神学部に迎え入れられた。

しかし、神学部で教え始めてから、牧会経験があるから、何百回も説教しているからといって九〇分の授業を十数回教えることはできないということを実感した。どれほど経験豊かであったとしても、二、三回授業で話をすれば底をついてしまうものである。自らが実践神学の専門家として研究し、その成果を学生に還元するのでなければ続けることはできない。そうでなければ日本で実践神学という学問分野は成立せず、発展もしない。これらのことを考えると、「牧会経験者なら実践神学を教えられる」という考えは否定せざるを得ない。

その一方で、「現場で牧師として働いたことがないのに実践神学を教えることができるのか」と問われればどうだろうか。聖書学やキリスト教史、教義学は、古典文学、歴史、思想として牧師の経験がなくても、その人の学問的業績において教えることができるであろうし、教員の採用に関しても学問的業績が最優先されるであろう。間違っても「あなたは説教や聖書研究を何百回とやっているから聖書学を教えられるでしょう」というような発想はない。しかし、実践神学に関しては、研究はできても、「現場での牧師としての経験がなければ教えられない」としか答えられない。

牧師の経験があるからといって実践神学を教えられるわけではない、しかし、牧師の経験がなければ実践神学を教えられないという二重の命題をめぐって、プロテスタントの実践神学に関して戦後七〇年の間にどのような変遷があったのかたどり、現代の課題について言及したい。

一　戦後という区切り

日本の神学において、特に実践神学において第二次世界大戦は一つの大きな転機を意味している。

戦争がもたらした神学的な課題はあるが、日本の教会といわゆる旧教派との関係が一旦切られてしまい、日本基督教団が設立されたことによって、実践神学は大きく変化することになる。また、戦後の神学部は、一九四六年の学制改革により新制大学の一大学、もしくは一学部として再スタートすることになる。旧教派からの援助を受けて行われる神学教育と日本の公的補助を受けて成立する新制大学の神学教育の間には一つの断絶が存在する。

戦前の神学教育における実践神学、特に牧会学は牧師の種々にわたる業務に関する教えであり、それはそれぞれの神学部・校が背景にもつ教派の教会規則や条例に基づいて、それぞれの教派の牧師を養成するための神学であった。主としてアメリカの教会の影響が強い中で、日本的な要素の影響も否定できない。宮川経輝の『牧会百話』（警醒社、一九一五年）や一九三〇年代に『福音新報』に連載された多田素『牧会百話』（日本基督教団高知教会、一九六九年）では牧師の神学的な根拠付けを行いつつも、儒教思想や武士道に基づいた牧師の人格形成や自己修養にも重きが置かれている。また、多田氏は信条への集中による教会形成の根拠を教育勅語による国民統一に見出している。同様に、戦前の日本的基督教においては、天皇制全体主義の中でキリスト教徒が天皇の忠実な臣民であることを示し、天皇制に基づいた祖先崇拝や日本精神を完成させるのがキリスト教であることを訴えていた。

戦後になると、教会の状況は大きく変化する。特に日本基督教団は、戦後の困窮の中でアメリカの教会から支援物資や宣教推進のための資金援助を受け、宣教師を受け入れつつも、旧教派から自主独立していった。独自の教会組織を独自の教会規則のもとで築き、一九四九年には『日本基督教団式文』を編纂するに至った。経済的、精神的には旧教派とつながりつつも、神学的には独自の展開が求められる状況である。

また戦前の天皇制全体主義の影響も払拭され、新たに実践神学を展開する必要性が出てきたわけである。戦後、日本基督教団出版局から出版された最初の研究書は実践神学に関わるものであり、日本基督教団宣教研究所編『キリスト教式葬儀とその異教地盤』（一九五九年）と芳賀真俊・木下芳次『礼拝における聖餐式の諸問題』（一九六〇年）、土井真俊・溝口靖夫・小林栄『日本におけるキリスト教と諸宗教との接触の問題』（一九六〇年）であった。日本基督教団が直面した最初の問題が、葬儀と聖餐式、諸宗教との関係であったことは非常に興味深い。葬儀の問題は日本の祖先崇拝との関係を強く持っている。戦前は主としてアメリカの旧教派の葬儀式文を翻訳して用いていただけであり、日本の現状に一致していなかった。また、聖餐式は多様な形式や聖餐理解が混在する合同教会の重要な問題であり、旧教派の伝統を保ちつつも合同教会としてどのように聖餐式を行っていくのかということが重要な課題であった。それと共に、旧教派から離れることによって、各牧師の個人的な考えに基づいて多様化した聖餐式もその課題の一つであった。諸宗教との関係では、戦後キリスト教を絶対視する宣教理解が問い直されたＷＣＣでも他宗教をどのように理解するかという取り組みが始められた中、日本の教会でも初めて専門的な研究がなされたわけである。

二　実践神学関係書籍の出版に見る実践神学の傾向

わたしの手元にある文献表によると、第二次世界大戦以降、日本で出版された実践神学関係の文献は五〇〇冊以上に及ぶ。ただ、いったい何が実践神学関係なのか、どの範囲を実践神学と呼ぶのかということは明確ではない。これらは主として礼拝学、説教学、牧会学、キリスト教教育学、宣教学の文献であるが、おそらく漏れているものもあり、またこれ以外に学術誌やキリスト教雑誌に掲載された論文も存在している。キリスト教音楽、キリスト教社会福祉、キリスト教保育関係の文献を加えるとさらに増えることが予想される。ただこの五〇〇冊の文献を出版年代順に並べてみると、戦後七〇年の実践神学の変遷を垣間見ることができる。

①キリスト教教育

一九五〇年代には高崎毅『基督教教育』（新教出版社、一九五七年）に代表されるようなキリスト教教育関係の本が次々に出版されている。高崎氏によれば、キリスト教教育という言葉は、戦前においては、主としてキリスト教主義学校における教育をさしており、内容的には宗教教育、宗教的訓育であって、特に戦時下においては「国家の思想善導の道具」として用いられていたということである。

しかしながら、戦後になって、学校における宗教教育を禁止していた「文部省訓令第一二号」（一八九九年）が撤廃され、各キリスト教学校においてキリスト教教育の再興が図られる中で、北米の旧教派から距離をおくキリスト教教育の捉え直しが必要となったのであろう。さらに、世界日曜学校協会が世界キリスト教教育協議会と改称されたことによって、日本日曜学校協会も日本キリスト教教育協議会へと改称し、教会におけるキリスト教教育とは何なのかが問われることとなった。キリスト教教育は、その担い手また目的によって、「教会教育」「キリスト教学校教育」「キリスト教家庭教育」「キリスト教社会教育」と分類されている。その後、一九七〇年代になると大学紛争や教会内の紛争によってキリスト教教育というものが問われるなかで、この四分野についての本が独立して出版されることになる。積極的な意味では、それぞれが専門化されていったと言えるが、それぞれの教育の担い手や現場の関係性が薄くなったことによって、この四分野が分断されて論じられるようになったのではないだろうか。

②牧会学

戦後の実践神学の大きな発展の一つとしてあげられるのが牧会学である。

一九六一年に加藤常昭によってトゥルナイゼンの『牧会学Ⅰ　慰めの対話』（日本基督教団出版局）が翻訳された。これはわたし個人の判断ではあるが、この本が戦前の牧会学と戦後の牧会学を明確に分ける転換点になったのではないだろうか。戦前の牧師心得や各教派の教会政治・運営に関する教育としての牧会学から、一つの学問分野として認識される戦後の牧会学への発展を促す分岐点である。この本は牧会学という実践神学の一分野に限定される内容のものではなく、実践神学全体を牧会という切り口で論じているものであり、その意味では、日本において実践神学が一つの学問分野として確立されるための大きな礎となった本であると言える。

この本以外にも、加藤氏によって一九六〇年にトゥルナイゼン『この世に生きるキリスト者』（新教出版社）、一九六二年にシュライエルマッハー『神学通論』（教文館）が訳された。一九六五―六七年の加藤氏のドイツ滞在後、一九七〇年のトゥルナイゼン『牧会学Ⅱ』を皮切りに加藤氏と旧知のクリスチャン・メラーの著書に至るまで、まるで文字を翻訳するのではなく一人一人の「声」を翻訳するように、本格的にしかも精力的にドイツの実践神学の書物が日本に紹介されてきた。

二〇〇〇年以降、随時出版された『魂への配慮の歴史』（全一二巻、日本基督教団出版局）は牧会学の基本的な文献であり、その翻訳にあたった加藤氏も「トゥルンアイゼンの『牧会学』二巻を訳出し、魂への配慮を学ぶためにかけがえのない、既に古典とも言える書物を日本語で親しむことができるようにしましたが、それと並んで、この『魂への配慮の歴史』をも提供することができました。魂への配慮とは何かを学ぶための基本的文献が、最小限、揃ったとも言えます」（『魂への配慮の歴史12』三一一頁）と語っている。

牧会学に限らず、独自の基本的文献を持たない日本の実践神学において、シュライエルマッハー『神学通論』の翻訳から始まり、過去五〇年の間にドイツの実践神学によって日本の実践神学の基礎が築かれたといいえる。

一九六〇年代に入ると、ドイツの牧会学にはない流れがアメリカから日本にもたらされた。トゥルナイゼンの『牧会学』は厳密に牧会とは何かという本質を問う理論的な内容であるが、当時のヨーロッパで注目を集めていた心理学や精神療法にも牧会学の門を開き、その対話を深めている。しかし、この対話をもっと実践的な形へと高めた牧会カウンセリングという理論と実践がアメリカから日本に伝えられることになる。代表的なものとしては、W・E・オーツ『現代牧師論――牧会心理学序説』（近藤裕訳、ヨルダン社、一九六八年）、S・ヒルトナー『牧会カウンセリング――キリスト教カウンセリングの原理と実際』（西垣二一訳、日本基督教団出版局、一九六九年）が挙げられる。その他にも精神医学や精神療法と牧会との関係について述べた本が一九六〇年代後半から出版されることになる。また、アメリカで牧会カウンセリングを学んできた牧師たちが中心となって、日本牧会カウンセリング協会が設立された。

アメリカからもたらされた牧会カウンセリングは、日本の神学教育にも大きな影響を与えることになる。まず、これまで牧会経験のある他の神学分野の担当者によって牧会学が担われていたのに対して、牧会カウンセリングは主としてアメリカで牧会カウンセリングの専門教育と訓練を受けた教員でなければ担当できない分野として神学教育の中で位置づけられた。ここで実践神学担当の教員の専門性が認識されることになる。そして具体的には、専門教育を受けた教員によって、日本の神学部・校のカリキュラムにも臨床牧会訓練が組み込まれるようになった。

　この牧会カウンセリングの導入は日本の実践神学に新たな刺激と課題を与えた。二〇〇二年に出版された、現時点での日本における牧会カウンセリングの一つの集大成と言える三永恭平・斎藤友紀雄・平山正実・深田未来生監修『講座　現代キリスト教カウンセリング』（全三巻、日本基督教団出版局）において示されているように、牧会学の課題は教会の現場にとどまるものではなく、様々な課題を抱える人々へのケアがその対象となり、牧会の場は教会に限定されず病院、ホスピスや様々な社会施設、社会援助団体、ＮＰＯ、学校にまで及ぶものとなる。それゆえ牧会学のテーマも多岐にわたるものとなり、それぞれの専門知識も必要になってくる。さらに、「牧会カウンセリング」から「教会カウンセリング」への変化は、単なる名称の変化ではなく、牧師の課題という枠を越え、教会の課題へと認識が移ってきていることを示している。

　牧会カウンセリングは、これまでの文献研究を主流とする神学研究に新たな視点をもたらした。ボイセンが提唱する Living human documents という概念によって、「具体的な生きた人間の記録」が研究対象とされ、実際の複雑な社会背景を持った人間に関する事例研究が実践神学における一つの研究方法として開かれることとなった。

　この牧会カウンセリングの流れは、二一世紀を迎えてスピリチュアルケアという概念へと徐々に変化しつつある。これはアメリカという多民族・多宗教者が共生する社会の中でキリスト教の枠を越えて人々のニーズに応えるために発展した概念である。日本においても窪寺俊之によって二〇〇四年に『スピリチュアルケア学序説』、二〇〇八年に『スピリチュアルケア学概説』（いずれも三輪書店）が出版されたように、教会やキリスト教という枠組みを越えて、病院などの現場で宗教にかかわらずスピリチュアルな痛みを持つ人々のニーズにいかに応えていくのかということが実践神学の課題として認識されるようになる。さらに、一九九五年の阪神淡路大震災、二〇一一年の東日本大震災を経て諸宗教が協力して人々の霊的なケアに関わる必要性が認識されてきた。一九九八年に設立されたカトリックの牧会ケアの訓練団体である「臨床パストラル教育研究センター」においても、現在では「パストラル」という概念が退き「スピリチュアルケア」という言葉が前面に出てくるようになっている。

③礼拝学

　次に文献表の中で目を引くのが、一九六一年に出版された由木康による『礼拝学概論』（新教出版社）である。この本は、一九三六年に由木氏によって執筆された『基督教礼拝学序説』を書き改めたものである。その後は、一九六一年にレイモンド・アバ『礼拝――その本質と実際』（滝沢陽一訳、日本基督教団出版局）、一九六八年にJ・G・デーヴィス『現代における宣教と礼拝』（岸本羊一訳、日本基督教団出版局）などが邦訳されている。さらにここ二〇年の間に越川弘英らによってウィリアム・ウィリモンやJ・F・ホワイト等の礼拝学の基本的な文献が次々と邦訳され、紹介されたことは、礼拝学を学ぶ者や教会にとって大きな助けとなった。

その背後で、礼拝学を支えてきたのは、一九七四年に創刊され一六六号を迎えようとする『礼拝と音楽』（日本基督教団出版局）である。様々な教派が共存する日本で一口に礼拝といってもその神学や形態は多種多様である。なかなか一つの教派での礼拝学を確立することが難しい中で、この雑誌が教派を越えた礼拝についての議論を取り上げていることは大きな功績である。その成果として、日本人の手によって『キリスト教礼拝・礼拝学事典』（今橋朗他編、日本基督教団出版局）が二〇〇六年に刊行された。

戦後すぐに問題となっていた「聖餐」についての議論は、一九八七年の日本基督教団宣教研究所編『聖餐』、一九九七年の神田健次『現代の聖餐論』（いずれも日本基督教団出版局）に引き継がれていった。そして、二〇〇八年の山口雅弘他『聖餐の豊かさを求めて』（新教出版社）と芳賀力編『まことの聖餐を求めて』（教文館）を中心とした議論が日本の神学界・教会に大きな波紋を起こしたことは、戦後七〇年の実践神学の中で特筆すべきことである。

④説教学

礼拝学がどちらかというとアメリカの神学中心であるのに対して、説教学はドイツの神学が主流であるように思える。

一九六〇年にW・リュティ、E・トゥルナイゼンの『説教・告解・聖餐』（赤木善光訳、新教出版社）、一九七七年にK・バルト『説教の本質と実際』（小坂宣雄訳、新教出版社）、一九七七年と一九七八年にR・ボーレン『説教学I、II』（加藤常昭訳、日本基督教団出版局）、一九八八年にK・バルト、E・トゥルナイゼン『神の言葉の神学の説教学』（加藤常昭訳、日本基督教団出版局）が訳されたことは、日本の説教、ならびに説教学に大きな刺激であった。

そのどれもが、説教の作り方などといういわゆる実践的な議論ではなく、説教とは何か、説教者とは何か、聴衆とは何かを神学的に問うものであり、日本の説教の質を高めるものであった。

ドイツの説教学を実践的に教会の場に広め、深めていったのが、『説教者のための聖書講解』『説教黙想 アレテイア』（いずれも日本基督教団出版局）の刊行である。『説教者のための聖書講解』は一九七二年に発刊され、一九九三年までの約二〇年間刊行され続けた。その遺伝子は『説教黙想 アレテイア』に引き継がれ、現在に至っている。このどちらの雑誌も教会暦に基づいた聖書講解ではない。いわゆる講解説教を指向したものである。

この二誌は、ドイツの説教学との対話、さらにドイツの告白教会に対する強い関心から講解説教へのこだわりを強くもっていることがうかがえる。特に、日本の教会が一九六九年の教団紛争や時代からの挑戦を経験した中で、一九七二年に説教黙想が刊行されたのは、単なるドイツからの輸入ではなく、ドイツの告白教会のように聖書に基づく説教に立ち返ろうとする思いがあったのではないかと推察される。ドイツの説教黙想は神の言葉に立つことによって、ナチスとの戦いの中で揺るぎない神学的基盤を保とうとした告白教会から生まれてきた。一九三五年にドイツを去ったバルト自身も「説教黙想」の執筆によって教会闘争を推進しようとしていた。その際、聖書的説教、講解説教こそ本来の説教の姿であるという理解に基づいて、教会暦のペリコーペによらない説教黙想が刊行されることとなったのである。この二誌は、単に説教のための資料集やアイデア集ではなく、説教には黙想が必要であるということを明らかにし、その黙想を実際どうするのかということを示してくれたものである。

戦後の説教学の実績において、加藤常昭の貢献は特筆に値する。一九九九年に深田未来生らと共に『世界説教・説教学事典』（日本基督教団出版局）を翻訳刊行したこともその一つである。そしてなによりも、翻訳のみならず、豊かな神学知識と経験に基づき自ら説教学の著書を著し、現在も「説教塾」を導いている。教会における説教や説教学への関心は高いものの、説教・説教学に関する研究方法が定まっておらず、日本人が記した説教学の論文が他の神学分野と比べて非常に少ない中、「説教塾」が論文集を出していることは今後の日本における説教学の発展に寄与するものである。

⑤ボンヘッファー

戦後七〇年の実践神学の歩みを振り返る中で、ボンヘッファーについて言及しないわけにはいかないだろう。しかし、その大きな影響は実践神学に限定されるものではなく、日本の神学全体に及ぶものであり、それはこの限られた紙幅では論じきることができない。本誌の10月号ではボンヘッファーの特集が組まれる予定と聞く。そこでの詳説を待ちたい。

実践神学に関する具体的な文献としては、一九六八年に森野善右衛門によって訳された『共に生きる生活』、一九七五年の『説教と牧会』（いずれも新教出版社）が挙げられる。これ以外にも、その著書全体において日本の実践神学、さらには実践神学の課題として捉えられているエキュメニカル運動に与えた影響は大きなものである。

一九六〇年代の『ボンヘッファー選集』（新教出版社）出版以降、本格的にボンヘッファーが紹介され、その後一〇年ほどの間にボンヘッファーの主要なテキストが日本語に訳されている。キリスト教ブームが過ぎ、一九六七年に「第二次大戦下における日本基督教団の責任についての告白」が出され、戦後はじめて過去の戦争と教会に真摯に向き合った日本の教会にとって、これらの出版は力強い指針となった。

⑥『総説　実践神学』『総説　実践神学Ⅱ』

戦後日本の実践神学の傾向を表す本として、『総説　実践神学』『総説　実践神学Ⅱ』の二冊を挙げなければならない。これは神田健次、関田寛雄、森野善右衛門によって一九八九年、一九九三年に編纂された、日本ではじめて「実践神学」を網羅的に論じたものである。

『総説　実践神学』の内容は、既述の牧会学、礼拝学、説教学、キリスト教教育を含むものであるが、それ以外にも自然、平和、老い、人権、靖国問題等の日本の教会が直面している様々なイシューを取り扱ったものである。しかし出版後、差別や人権、さらに様々な今日的問題へのアプローチが不十分であるという指摘を受け、『総説　実践神学Ⅱ』が編纂されることになった。ここでは、『総説　実践神学』で十分に言及されていなかった教会生活の実際的な問題、他宗教と対話、農業・農村問題、環境問題、沖縄、人権、差別の問題等が取り上げられている。

欧米の『実践神学概論』と題するような本とこの二冊の本を比べるならば、大きな違いに気づくであろう。ここで扱われているテーマは欧米ではおそらく『教義学概論』で論じられるものである。しかし、この違いについて述べるのは、どちらが「実践神学」として正しいということを主張したいわけでもなく、また神学領域の境界線について論じたいわけでもない。日本においては、この本で取り扱われている様々なテーマが実践神学のテーマとして考えられ、それについての研究や論述が日本の教会から求められているという現実が重要である。

『総説　実践神学』において、森野善右衛門は「実践神学は、教会の実践に関する学問である」（二九頁）と定義し、「ミッシオ・デイ（神の派遣）の神学の視点において考えれば、派遣される教会の問題であり、派遣の対象・相手はこの世界であるのだから、そこで教会と世界との関係はどのようにあるのかが問題として取り上げられる」（二九頁）とその課題を示している。この言葉にも表れているように、日本の実践神学は宣教学と深く結びついている。拙著『天国での再会』（日本基督教団出版局、二〇一五年）もこの点を意識して著した。

神学史上の実践神学の定義はどうであれ、日本の教会では戦後七〇年の間に、教会が直面する問題・直面すべき問題への神学的アプローチを実践神学に求める傾向が強く、日本の実践神学はそのようなポジションを築いてきたと言えるのではないだろうか。牧会学、礼拝学、説教学、キリスト教教育等の問題を排除したり、相対化するのではなく、これらが他のテーマとどう関わり、協働していくのかということが現代の教会から実践神学に課せられている問いである。この多種多様なテーマに対して体系化された実践神学を提示することは非常に困難であり、またそれが求められているわけではない。こうした状況は、二〇〇五年に出版された関田寛雄の『「断片」の神学――実践神学の諸問題』（日本基督教団出版局）の表題によってまさに言い表されている。

おわりに――個人的な課題として

神学部の学生、教会の現場の牧師たちの実践神学に対する関心は高く、実践的な解決を求めている。青年伝道、高齢者へのアプローチ、死への準備、グリーフケア、キリスト教保育、キリスト教教育、新しい賛美歌、説教の活性化、礼拝の刷新、原発問題、教会における心に病を抱えている人の受容等々。どのテーマも重要で、まさにそれぞれの教会が直面している、日本の教会の存続に関わる問題であると言っていいかもしれない。この思いは、今日の説教学・礼拝学をリードする平野克己・越川弘英が編集主幹を務める雑誌『Ministry』（キリスト新聞社）の刊行に表れている。

しかしながら、これらの問題に関する先行研究も日本語の文献も少ない。アメリカやドイツにないわけではないが、言葉のハードルは高すぎるし、外国の議論の紹介では限界がある。日本の教会が置かれている現実の中でのアプローチが求められている。さらに、これらの問題に関する歴史研究は基本でありながらも、それに終始してしまうのは退屈であり、満足のいくものではない。しかし一方で独自性のある提案型の研究はなかなか出てこない。

一番困るのが、そういう問題意識や研究への思いは持ちつつも、研究対象が明確ではなく、研究対象をどう分析するのかという研究方法もわからないということである。ボイセンが言うLiving human documentsではないが、Living church documents（生きた教会の記録）など、各現場のLiving documentsが必要である。そして、それを分析するための社会学的なアプローチも必要である。それはとても興味深いものであるが、社会学の研究に神学的な感想を述べるだけではなく、その先にさらに深い神学的考察がなければならない。研究の対象となる現実のデータ、他の学術分野の助けを借りたアプローチ、そして神学的考察という三つが揃わなければ、「教会と世界との関係」を問う「教会の実践に関する学問」にはなり得ないのではないだろうか。

最初に、実践神学の教員について述べたが、過去七〇年の間に培われてきた実践神学の基礎に立って、さらに日本独自の実践神学を発展させていくためには、Living documentsを持つ教会や様々な現場とそれを分析・考察する神学がさらに緊密に協働していく必要がある。牧師・現場経験者だから実践神学を教えられるのではなく、実践神学を教えられる牧師・現場経験者の養成が求められている。

(1) 浜島京子「中学校家庭科免許外教員の実態――全国の状況」『福島大学教育実践研究紀要』(17号)、福島大学教育学部附属教育実践研究指導センター、一九九〇年、五五―六四頁を参照。二五年前の調査であるが、二〇一四年の報告でも技術・家庭科担当者の二三%が免許外教員であるということである(第57回日本家庭科教育学会大会報告、https://www.jstage.jst.go.jp/article/jhee/57/0/57_85/_article/-char/ja/)。

(『福音と世界』２０１５年８月号所収)

戦後日本の神学教育

──焼け野原から現在まで

深田未来生《ふかだみきお》

1933年生まれ。羽仁もと子設立の自由学園に学ぶ。高校1年で単身渡米、ベーカー大学（社会学専攻）、ボストン大学（社会倫理学専攻）、クレアモント神学大学院（説教学専攻）に学ぶ。牧会学博士。同志社大学名誉教授。著書『聴く・描く・語る』、『講座 現代キリスト教カウンセリング』シリーズ（共著、監修）他。

はじめに

人々は消耗しきっていた。栄養失調でふらつく足で学童疎開から東京へ帰った少年の目に焼きつくように映ったのは、焼け野原よりそのような人間の姿であった。70年前のことである。避けることのできない飢えとの戦いは、肉体的なものに限られてはいなかった。心も疲れ切っていたのだろう。濃い疲労の色を浮かべたまま、なおも日々を生き抜こうとする人々の姿は、12歳だった筆者の中にいまだに鮮明に残っている。

このようなイメージを心に留めて生きてきた人々は今、すでに「高齢」「老齢」の領域に達している。その多くは疲労感を味わいながらも、老人にありがちな「ひがみ」の眼差しで歴史の流れを見ているとは限らない。それはあの70年前の焼け野原から憔悴しながらも人々が立ちあがっていった戦後の日本の映像が心に映し出されるからだろう。

日本のキリスト教にも戦争に至る道のりでの責任はあったのだから、そこまでの苦渋の日々の原因を他者になすりつけるわけにはいかない。その歩みは決して抵抗の日々であったとはいえない。それでも、その苦渋が無駄だったともいえない。敗戦は一種の解放であったことは間違いないだろう。それはため息と同時に、弱った足に力を入れるための深呼吸の時でもあった。自らの戦争責任を問う作業がしばし横に置かれたのも、仕方のないことだったのかもしれない。

1945年の秋には教会も再建へと歩み始めようとして

いた。戦場に出ていた人々や、開拓を理由に海外への移住を強いられていた人々も日本へ帰ってくることができるようになっていた。教会よりは闇市の方が活気に満ちていたが、それでも人々は礼拝に集い、遠慮なく大声で讃美歌を歌うことができるようになった。牧師は会衆の中に監視目的の警察の姿を見ることなく、安心して説教ができるようになった。みな体力のなさに痛みを感じながらも、心に満ちる何かを求めていたのである。戦場へ送り出した牧師が帰らないまま礼拝を続けた教会もあっただろうし、一人の牧師が兼牧で複数の教会に仕える場合もあっただろう。

牧師の教育・養成の任を負った神学教育機関にとっても、敗戦後は出直しと再編成が急務となり、物的・人的資源の確保に尽力しなければならない時であった。日本の教育機関全体が新しい時代のための新しい教育といったことよりも、さしあたって戦時中に失われたものをどう収拾し、再出発するかを課題としていた。この時代は日本中が混乱していたが、その混乱からの脱皮もまた広く見ることのできた現象であり、その点では神学校も例外ではなかったのである。

70年の歴史を紐解く

戦後70年の神学教育を日本に絞ってふり返る作業は難題であると決めてかかっていた私は、中村敏新潟聖書学院院長の著作『日本プロテスタント神学校史――同志社から現在まで』（いのちのことば社、2013年）を手にして、貴重な資料の広がりを見出した。この力作は戦前、戦中、そして戦後と分類されており、総体的に各学校の歩みを捉えることができるものである。私が与えられた課題と取り組む中で中村氏の資料と分析は極めて有益であり、いわゆる神学教育に限らず日本のキリスト教史を見る一視点としても興味深いことを痛感した。

神学教育とは何かと改めて問うことは無駄ではなかろう。一定のイメージが固定し、「神学校」と聞くと多くの人は直ちに「牧師の教育・訓練」をイメージする傾向があるからだ。この理解に立ち返って、その妥当性や正当性を問うことは大切である。

神学教育の伝統的目的と責務は、教職すなわち教会の働きに専心して関わる人々（牧師、司祭等）の養成であった。また、すでにそのような立場にある人々の継続教育をも目的の一部と考えてきた教育機関は多い。これだけに限定すれば、神学教育とはキリスト教の職業訓練に尽きることになる。これはもちろん大事なことではあるのだが、キリスト教に基づく働きの専任・専門従事者の多様化の傾向を無視するわけにはいかない。専任とは必ずしも教会組織での按手による祝福と聖別を必要とするものとは限らない。社会の「現場」あるいはそれぞれのコンテキストにおいて、教会とは直結していなくても福音の実体化に関わる働きに専従者として立つ人は多くいるが、その人たちが「教職」なるカテゴリーに組み込まれない場合がある。しかしながら、そこにも神学教育が求められ、また必要とされるのである。こうなると神学教育の目的は伝統的な定義にはおさまらない広がりを持つことになる。

この変化は一時的なものではなく、歴史を通して、各時代のニーズが神学教育の現場に求め続けてきたものであると言えるだろう。それはこの70年に限らず、日本のキリスト教史においてつねに必要とされてきた変化なのである。

敗戦のインパクトと教会の再編成

日本の敗戦で終結した太平洋戦争は、個々人に衝撃を与える出来事であったというだけではなく、国家を含めあらゆる社会制度や組織に再吟味を迫る出来事でもあった。宗教界も例外ではなかった。戦時下の国家の圧力はキリスト教を威圧的に管理下に置き、教会はその本質的な目的のために働くのではなく、「身を守る」ことに力を注ぐほかない状況に置かれていた。それは信仰の喪失の問題ではなく、信仰の弱体化を防ごうとする願いによる選択であったといえる。もちろん、後日の鋭い批判分析は不可欠であったのだが。

敗戦後、各教会が存在意義の根底からの神学的再吟味を必要としたが、当然神学教育を担っていた各学校、組織、機関も同じ課題に直面した。それは教会の再出発、再編成に不可欠な作業であったからだ。足を引きずるようにして外地から帰国（復員）してきた神学教師もいたし、戦場や抑留地で命を落として復帰できなかった教師もいたが、それでも再結集の動きは戦後早い時点で開始されていた。

数字はすべてを語るわけではないが、一つの指標として用いることができる。１９５０年版の『基督教年鑑』（キリスト新聞社）は今日私たちが手にしているものとは異なり極めて質素なものであったが、「神学校」の一覧を掲載している。そこには日本基督教団関係、聖公会、基督改革派、ナザレン、日本救世軍等を含めた20校とカトリック系の8校が列記されている（p.313）。これは決してすべての神学教育機関を網羅したものではなかったであろう。２０14年版の年鑑にはカトリック、プロテスタント合わせて１２０校が学生数とともに資料として提供されている。私の知る範囲内でも「開店休業」を連想させる機関も含まれてはいるのだが、１２０校とは驚く数である。

１９５０年版の『基督教年鑑』を取り上げたが、同じ年に発行された *The Japan Christian Year Book*（教文館）には青山学院で教鞭をとっていたメリー・ベル・オルドリッジ宣教師（Mary Belle Oldridge）が「日本における神学教育」と題し興味深い一文を掲載している（pp. 115-121）。彼女はまず神学教育を定義する。この場合「神学とは可能な限り広い領域で定義されるべきである。すなわち神学教育とは教育、訓練を受ける人間がプロテスタント教会で宗教的指導活動に参加することを目的としているという前提をもつもの」となる。そして戦時下に神学校の統合によって成立した日本東部神学校、日本西部神学校、ならびに日本女子神学校に触れ、戦争直後から始まった再編成、およびその困難と解決への道のりの可能性を紹介している。同志社が独自の存在を貫いたことも記されている。また女性教職の教育にも触れ、日本女子神学校の閉校によりその目的が東京神学大学に委託され1950年には学生数の10～30％が女子となっていると報告している。少なくとも彼女はそう観察していたということである。さらにオルドリッジは聖和大学、関西学院大学の特色、東京聖書神学校の設立、東京神学大学、聖公会神学院の移転と再編成、日本ルーテル神学校の強化について触れ、日本における神学教育が活気を持ち始めていることを記している。断片的とはいえ、オルドリッジ「報告」は当時海外から来た宣教師や海外で日本の状況に関心を持っていた人々にとっては有益な資料となったようである。また1940年後半、敗戦後の日本における神学教育の全体像を捉えようとした試みとしても貴重であるといえよう。

肉体的疲弊からの回復より早く、日本のキリスト教は一種の解放を味わいながら精神・宗教的エネルギーが湧きあがってくる経験をしたのだろう。それには、外的刺激も大きく関わっていた。多くの教派が宣教師の派遣を再開し、特にJ3と呼ばれたアメリカからの短期青年宣教師たちの着任は教会のみならず多くのキリスト教主義学校に新風をもたらすことになった。

戦後5年から10年の間には、宗教統制が解かれたことと外からの同労者たちの到来が力となって神学教育機関が多様化し始めた。中村敏氏は新規に設立された神学校の多くが、いわゆる福音派に属する教職養成機関であったことに注目する（p. 216）。当然、戦前から存在したエヴァンジェリカルな神学を基盤とした神学校も再建、再開され、その特色を鮮明にすることに力を注いでいた。日本アッセンブリーズ・オブ・ゴッドや日本アライアンス教団の神学校もその歴史は戦前に遡って見出せるのだが、独自性が鮮明になり広く評価されるようになったのは戦後においてであったと言えるだろう。

この「回復期」とでもいう戦後15年ほどの間に、敗戦国日本におけるキリスト教の方向性が定まっていったと考えてよい。統合等の苦渋を味わっていた歴史豊かな神学校・教育機関も新任の若手教師たちを迎え入れ、海外との学問的交流が途絶えていた4年間の空白を埋めようと神学・聖書学の資料の入手に力を入れ、人的採用や交流を通して神学教育をグローバルな方向へと進展させる努力を続けた期間であった。

学生たちの間にも確実に変化が見られた。当たり前のことではあったのだが、戦時中の抑圧的体験や洗脳された価値観からの解放を味わった青年たちだけではなく、戦地から復員してきた学生たちの復帰や入学は神学校においても過去の学生たちにはなかったエネルギー源となった。神学教師たちはたじたじとなりながらも、青年たちの迫力に応じて神学の研鑽に励んだという。話を聞くだけでも活気を感じるのだが、それでも生活の貧しさは遅々として改善されなかった中で、さまざまな苦痛も伴った時代であっただろう。

神学教育の変革への道のり

1960年代は一種の落ち着きが神学教育を包む時期であった。海外に研鑽の機会を与えられた若い神学教師たちが新鮮な体験や見識を身につけて帰国し、各々の所属校に刺激をもたらしていた。日本では安全保障条約の更新を機に社会的意識が高まり、神学を学ぶ学生たちの間にもその意識が広がり、教育内容見直しの兆しも見え始めた。世界教会協議会の神学的展開の影響もあった。労働者の問題、農村伝道の必要性、そして急速な都市化の中での教会といった宣教分野の広がりによっても、神学的考察の再吟味が必要とされた。宣教（ミッション）や伝道（ミニストリー）といった言葉が論理と実践の狭間で新しい意味を持ち始めていたのも、この時代の神学教育に刺激となっていた。これによって、専門職としての牧師・伝道者理解に変化があらわれた。すなわち、信徒の働きが再評価されるようになり、その変化に伴って新たな神学的知識や思考力が神学教育に必要とされるようになったのである。「この世における教会」あるいは「この世のための教会」といった表現は世俗化が進む社会に対応しようとする宣教論の展開を生み出した。さらに、ボンヘッファーの信仰と思想が広範囲で討論されるようになったのも、時代の挑戦を受けて立とうとする教会と神学校の自己変革を後押しした。

この間、日本社会は急速な変動の中にあった。経済成長はその恩恵を被らない多くの人々をとり残すようにして推し進められていたが、さまざまな変化の中でも、ある種の社会構造や制度は旧態依然として残り、安定に甘んじていた側面もあった。ここに、いわゆる「ひずみ」や「ゆがみ」の問題がある。60年代末に渦を巻くように起こったいわゆる「学園紛争」もここに一因があった。キリスト教界においては「万国博覧会キリスト教館」が引き金となり、教会だけでなく神学教育機関にも変革の波が押し寄せた。特に日本基督教団関係神学校や伝統的な神学教育機関は、根本的な自己分析を回避できない状態に置かれた。学生たちの「問題提起」への対応が自己分析を促した原因の一つであったことは明らかだが、それ以前からすでに教師たちの間でも変革や改革の必要性が論じられていたこともまた事実である。

大学神学部はそれぞれの大学が直面した「嵐」の中で苦渋の月日を体験したのだが、時には学生たちの厳しい追及が深い思想的・神学的検討へとつながり、教育の変革を生み出す「芽」となることもあった。精神的な傷を負った学生たちもいたが、それは学生に限られたことではなかった。学園紛争は簡単には終結しなかったため、大学神学部だけではなく、単立神学校においても徐々に再編成の動きが生まれてきた。また混乱状態にあった教育機関や教会が新しい方向性を探り、教育内容や理念を実践しようとする試みがなされる間、それに呼応するように数々の新しい神学教育の場が設置されていったことも中村氏は記録している(pp. 333-350)。

21世紀の神学教育に求めたいもの

教育活動全般に言えることだが、神学教育は時代の様相を鋭く見極めながら存在根拠や理念を繰り返し鮮明にし、来る時代を先取りしながら、責任ある存在として平和と正義の実現に寄与する人材を育てていく責任を担う。日本の神学教育は21世紀に突入するまで、そして新しい世紀初頭においても、神の働きと計画に忠実でありたいという願いを込めてこの責務を進めてきたことには疑いがない。しかし、その努力がどれだけ実ったのか、そしてイエス・キリストに従って生きる人間の育成のために、本当に最大限の知恵と力と資源をもって当たってきたのかということは問われ続けるべき事柄であろう。神学教育機関と教会が創造的な緊張関係を保ちつつも、相互に謙遜であり、互いのために尽力を惜しまず、教会の働きに専従する優れた人間を見出し、成長のために共に祈り、共に学び、信仰を深めつつこの世の現場に立つにはどうしたらよいのか。この課題は避けられない使命であり、時代を超えて私たちが担おうとしてきたことである。そして21世紀においてはさらに重い責務なのである。

外国においても同様だが、神学を学ぶ者たちの多様化は顕著である。女性の増加のみならず、社会生活の経験が豊富な人やセカンド・キャリアを目指す人の増加、留学生の出身国の多様化といった変化は、宗教的にも社会的にも健全な傾向であるが、それは教育の現場においてはチャレンジでもある。教師たちには各人の実力のみならず人間としての成熟度もより厳しく求められることになる。

アメリカの神学校などで際立つのが女性神学教師の増加である。言うまでもなく、優れた神学教育者には性別は無関係である。牧師や神学者、教育者を目指す女性たちを励まし、必要な配慮をしつつ、平等な立場で切磋琢磨して同じ目的のために協力することができる男性神学教師の存在が一層求められている。これは今世紀の日本の神学校においては明らかにチャレンジである。しかしそれは必ず新しい力の「宝庫」を生み出すことにつながるであろう。

先に教会と神学教育機関との緊張関係と言った。神の働きに携わる点では双方ともが同じ地面に立つ。緊張関係とは、それぞれの中心的な目的を明確にし、健全な「あるべき姿」を維持するために、互いに建設的な批判ができるような関係のことである。ここでは、機能と働きの「型と形」において一心同体であるよりは、常に相互に刺激し合い、成長を促し合う関係が必要とされる。そしてこの関係が創造的かつ生産的であるためには、関わるすべての人に、神の前における謙虚さが求められる。

さらに経済的課題がある。教会は大学所属の神学部や単立神学校、教育機関に優れた人材の教育・養育を一方的に委ねるのではなく、学校の財政的基盤が不安定にならないよう経済的な支えを提供する使命を担っている。この努力は長く続けられてきたのではあるが、画期的強化が必要とされている。特に規模も小さく協力組織や支援基盤が十分ではない神学校が存続の危機に陥らざるを得ないことは不幸なことである。一つ一つの学校がユニークな理念を掲げ、その理念に基づいて優れた伝道者、キリスト教教師、フロンティア・ミニストリーといった働き人の育成に集中できるような経済的基盤を作り上げるためには、効果的な連帯・連携が必要であろう。大きな課題ではあるのだが、今世紀の日本のキリスト教が避けて通ることのできない課題である。

今世紀の世界は明らかに宗教的多元性を特色とする世界である。これは世界の平和を実現するという目的のためにも、必ず直面しなくてはならない課題である。神学教育はこれまで担ってきたような特定の宗教の領域に生き働く人々の教育のみならず、他宗教の理解を深める学びをも責任として担うことになる。また神学校には他の宗教からの研究者、学生を迎え入れる組織的・知的・人材的再検討が不可避な事柄として目前に据えられているのである。

神学教育機関はこのように急速に変化する21世紀の世界において、それらに対応しながら神の働きに参加し、想像力を働かせて傷つく者たちに癒しをもたらし、世界を神の活動の場とし、その隅々にまで愛の実践を満たすためにすべてを投ずる働き人の輩出に勤しまなくてはならない。この課題に真正面から取り組む決意が神学教育機関にあるかどうか――それは21世紀の日本のキリスト教を左右する重要な問いである。

（『福音と世界』２０１５年８月号所収）

権利と権威を求めて
——戦後日本の女性神学の歩みと課題

吉《よし》谷《たに》かおる

1960年生まれ。東京女子大学文理学部、北海道大学文学部卒業。北海道大学大学院修士課程修了、博士後期課程中退。翻訳業。日本聖公会管区女性に関する課題の担当者。訳書アン・G・ブロック『マグダラのマリア、第一の使徒』（新教出版社）、共訳マイケル・ラプスレー『記憶の癒し』（聖公会出版）他。

一　はじめに

「戦後強くなったのは女性と靴下である」という言葉を知っている。実際、ナイロン製のストッキングが出回るようになり靴下は強くなったのだろうが、戦後70年の今日までに、日本の女性たちの地位は向上し強くなったといえるのだろうか。日本のジェンダーギャップ指数(1)は142か国中104位であり、経済と政治の分野での参画はそれぞれ102位、129位と低く、女性が活躍しにくい社会であることを示している。このような傾向は教会にも反映され、教派により違いはあるにしても、教会の働きに女性が平等に参加しているとはいえない状況が続いている。筆者の所属する日本聖公会を例にしていえば、1998年から女性の司祭按手が行われるようになったが、まったく行われていない教区もある。また意思決定機関における女性の割合は、この10年総会議員、教区の常置委員で10％前後と低い水準で推移してきた。日本で女性の社会進出が進まない背景には強固な父権制と、伝統的な性別役割意識があると思われる。女性解放の思想・運動であるフェミニズムはこの岩盤のような父権制社会に穴を穿ち変革することを目指してきた。フェミニズムの一部として半世紀ほど前に登場した「女性神学」あるいは「フェミニスト神学」(2)が、日本の教会と女性たち自身に与えたインパクトはどのようなものであったのだろうか。

二　フェミニズムとフェミニスト神学

フェミニズムの歴史は通常、19～20世紀前半に欧米で起こり展開された参政権運動を中心とする「第一波フェミニズム」と、1960年代にアメリカで起こり台頭してきたいわゆる「ウーマン・リブ」の衝撃により起こった「第二波フェミニズム」に区別される。後者は男性中心的社会の性差別的構造を批判し変革しようとする現代の女性運動につながるものである。日本でも1920年代から新婦人協会や矯風会などの女性組織が取り組んだ女性参政権運動があったが、1945年の敗戦にいたるまで女性の地位や権利が大きく改善されることはなかった。草の根の運動として始まった日本のウーマン・リブは1970年代半ばには求心力を失ったが、1975年の国際婦人年以降、行政による「女性問題」への取り組みが始まり、教育・研究機関で「女性学」が講じられるようになると、女性の思想・運動は「フェミニズム」に装いを変えて発展することになった。第二波フェミニズムはセックスという言葉で表される生物学的性と区別して、社会的文化的に構築された性のありようとしての「ジェンダー」概念を導入した。今日ではジェンダー・フリー教育を受けた世代が育ち、「ジェンダー論」を開講している大学も多い。行政の用語「男女共同参画」は「ジェンダー平等」(gender equality) の訳語である。

「フェミニスト神学」は第二波フェミニズムを土台として60年代末に女性の神学者によって問題提起され[3]、70年代には多くの研究者によって展開され、80年代にはその成果が次々に発表された。それを受けて日本では80年代から欧米のフェミニスト神学の翻訳、紹介が相次ぎ、影響力をもち始めた。教会に属する女性たちの中には砂漠でオアシスを見つけたがごとく、その本をひとりでまたはグループで読んで渇きをいやした人たちがいた。日本の女性たちも礼拝で用いられている賛美歌・聖歌、用語、聖書テクストに自分たちの存在がまったくと言ってよいほど見出されないことに気づくようになっていたのである[4]。ここでは一部しか挙げられないが、翻訳されたものでは、まずレティ・M・ラッセル『自由への旅』(原著1974年、邦訳1983年)、そしてE・S・フィオレンツァ『彼女を記念して』(原著1983年、邦訳1990年)、フィリス・トリブル『旧約聖書の悲しみの女性たち』(原著1984年、邦訳1994年)、R＝R・リューサー『性差別と神の語りかけ』(原著1983年、邦訳1996年)、E・モルトマン＝ヴェンデル『イエスをめぐる女性たち』(原著1980年、邦訳1982年) などがよく読まれていたと記憶する。日本で書かれた著作としては絹川久子『聖書のフェミニズム』(1987年) が大きな影響力をもった。彼女の著作は『女性の視点で聖書を読む』（1995年）、『ジェンダーの視点で読む聖書』（2002年）と展開されてきたが、各タイトルがその時代の課題を映し出しているように思える。新約聖書と関連諸文書における女性の問題を研究テーマのひとつとしてきた荒井献の『新約聖書の女性観』（1988年）などの著作に学んだ人も多い。一色義子『水がめを置いて』（1996年）も多くの読者を得ていた。

フェミニスト神学の著作に接したことによって、女性たちは教義、聖書解釈、儀礼、組織等に対して抱いていた疑問や違和感は正当なものであり、変革を求めてよいのだという確信を得た。女性差別を撤廃しようとする立場から見れば、教会の制度や組織は女性に対し抑圧的に機能するものである。聖書もまた、女性の従属的な地位を永続化させ、男性中心的な価値観を内面化する根拠を与えるものとして批判されるようになった。そして女性の視点から聖書を読み、礼拝を創造するという動きが生まれ、同時に女性を排除しない制度や組織への改変を求め、ジェンダー役割から解放された平等なパートナーシップを築くための試みが始まった。各地で女性による学習会や超教派の集まりが行われるようになり、1988年には「教会女性会議」が、聖公会では「女性が教会を考える会」が発足。1995年には「キリスト教女性センター」、2000年には、絹川久子、山口里子を共同ディレクターとして「日本フェミニスト神学・宣教センター」が発足した。この両名は旺盛な執筆活動を展開して日本のフェミニスト神学を今日までリードし続けている[5]。次に、フェミニスト神学の果たしてきた大きな役割のひとつである聖書解釈について取り上げ、そのインパクトについて考えたい。

三　フェミニスト聖書解釈

「女性たちは数限りない世代にわたって聖書を読んできたが、女性として読むことに常に自覚的ではなかった[6]」。聖書が男性によって書かれ、編集され、解釈されてきた書物であることさえ明確に意識され、批判の対象となることはなかったのである。今日でも女性の視点から聖書を読むことは、女性であればできる、している、というものではない。この女性による自覚的な聖書の読み直しのエポック・メイキングとして必ず言及されるのはエリザベス・キャディ・スタントン『女性の聖書』（1895―98年[7]）である。1998年には『女性たちの聖書注解』（原著1992年）、2002年には『聖典の探索へ』（原著1994年）が翻訳され、女性研究者による聖書注解にアクセスしやすくなった。これらは『女性の聖書』の出版百年を機に行われた聖書文学学会での議論をもとにして生まれたとされる。『女性の聖書』が企画されたとき、言語上の問題があり、専門教育を受けた女性がきわめて少なく協力が得られなかったことがエピソードとして語られるが、この百年間で、女性たちは神学の専門教育を受け、語学力をつけ、男性に依存することなく注解書を出版することができるようになったのである。

「その宗教的、文化的権威のゆえに、社会における女性の地位を決定する最も重要な手段の一つであり続けている」聖書は、何世紀にもわたり、女性の男性に対する従属を正当化するために引き合いにだされてきた一方、ときには驚くべき方法で女性に力を与える役割も果たしてきた(8)。女性にとって解放と抑圧、両方の作用を持つといわれる聖書は、多様性を持った書物であり、多くの声や見解を含んでいる。フィリス・トリブルは、キリスト教フェミニストの聖書についてのディレンマをわかりやすく論じている。三つの相容れない要素がある、すなわち、①聖書は父権制の書物である、②わたしは骨の骨、肉の肉までフェミニストである、③わたしは聖書を愛している。この三つが並び立たないものであるならば、フェミニズムと聖書のどちらかを選択すべきだろうか? しかしトリブルは、どちらかを拒絶するのではなくて、聖書の物語を一つ一つ読んでいく方法、フェミニズムという新しい立場を取ると古いテクストの理解がどうなるかを検証するという道を選んだ(9)。そしてこの道を進んだ女性たちはやがてテクストに隠された女性たちの声を聞き分け、悪を引き入れたり、虐げられたり、沈黙を強いられたりする女性像に代わって、ロールモデルとなる女性像を回復したのである(10)。

フェミニスト神学の記念碑的業績といわれる『彼女を記念して』の著者E・S・フィオレンツァは、「女性の教会」を志向しながらも、教会を離れるという選択肢をとらない。「疑いの解釈学」によるフィオレンツァの研究は、男性中心的言語によって書かれた聖書テクストが父権制的社会構造を反映し、父権制を宗教的に正当化するイデオロギー的機能を果たしてきたことを明らかにすると同時に、男性中心的編集によっても消せなかった女性たちの痕跡を読み取り、父権制的な抑圧に対する闘いの記憶として再構築しようとするものである。日本のキリスト教フェミニストたちも、男性中心主義を批判し排除しながら、従来とはまったく異なる解釈の可能性を探ることに活路を見出そうとしてきた。その後、カレン・L・キング『マグダラのマリアによる福音書』(原著2003年、邦訳2006年)、アン・G・ブロック『マグダラのマリア、第一の使徒』(原著2003年、邦訳2011年)のような女性の弟子、宣教者たちに関する文献の実証的な研究が進み、翻訳もされた。初期教会の信徒たちは「平等な弟子集団」であり、女性の「同労者」、「保護者」、また「使徒」と呼ぶべき存在があったことに今日の女性たちは励ましを受けている。

ところでフェミニスト神学によって新たな意味を見出された聖書解釈は、教会に属する聖職（教職）・信徒のありかたを変えてきただろうか。女性を聖職として按手することを拒み、リーダーの立場から遠ざける根拠は聖書に求められてきた。ではその根拠に疑いが生じたとき、従来の主張は撤回されるだろうか。たとえば使徒は男性だけだったのだから、司祭になれるのは男性だけである、という考えは女性の使徒（ユニアやマグダラのマリア）も存在したことが立証されれば、むしろ女性を司祭として認める根拠となるはずである。しかし、実際にはまだそこまでのインパクトを男性中心の教会に与えるにはいたっていない。では教会は本当にジェンダー平等、対等なパートナーシップを実現する場となりうるのだろうか。

四　むすび――ジェンダー平等に向けて

「日本フェミニスト神学・宣教センター」の設立の趣旨には、「当センターは、フェミニストの視点と価値観に立って、神学と宣教を統合し発展させることを目指します。その際、周縁化された人々の声、特に女性たちの声に注意を傾け、グローバルな対話、多宗教間の対話への参加を志します[11]」とある。ここに表現された問題意識は、現在女性たちによって活発に展開されているジェンダー暴力の根絶、環境、平和、性と人権などのイシューへの取り組みにつながっている。今日の教会の女性たちは、たとえばNGOとして国連女性の地位委員会に参加して「ミレニアム開発目標」に示されたグローバルな課題に取り組む行動力を備えている。しかしここでもう一度、神学と宣教を統合し発展させる、という原点に立ち返って考えてみたい。宣教は本来神学から分離した形ではあり得ず、神学は宣教の課題を常に考慮に入れる必要があるにもかかわらず、二つの営みの間にはまだ大きなギャップがある。神学と宣教の間に橋を架けること、言い換えれば学問と行動を結びつけていく姿勢を持つことが今後も求められるだろう。

フェミニスト神学の成果は教会現場に伝えられ、女性が聖書と伝統の解釈やリタジーの主体となること、また教会組織の意思決定に対等に参加することの支えとなって、女性のエンパワメントのために寄与しなければならない。また、フェミニスト神学は教会現場の問題に応答しなければならない。そのためには神を男性として固定化する伝統にチャレンジし、新たな神理解を提示することが求められるだろう。具体的には以下の三点に力を入れる必要があると考える。①フェミニスト聖書解釈に基づき、聖書の翻訳やリタジーでの包含的言語の使用を徹底するように働きかけること。②日本の神学教育・研究機関がフェミニスト神学を積極的に取り入れるように要請し、神学の一領域として根付かせること。男性神学者、男性聖職（教職）、男性信徒に問題を提起し、いっそう誠実な応答を求めること。③ジェンダー意識の世代間格差を解消し、女性が闘いとってきた権利と権威は自分たちで守らなければならないものであるという危機感を続く世代と共有すること。

学ぶことと福音を語り行動することはひとつ、というフェミニスト神学の立脚点を絶えず確認しながら前に進みたい。

（１）各国の社会進出における男女格差を示す指標 Gender Gap Index、世界経済フォーラム２０１４年発表の順位。

（２）女性の視点による神学、「女性神学」は今日では「フェミニスト神学」と呼ばれることが多くなっているため、本稿では「フェミニスト神学」の語を用いるが、この神学をどう呼ぶかということもひとつの問題であり、むしろ日本では「女性神学」と呼ぶ方が望ましいのではないかという考えもある（絹川久子『女性の視点で聖書を読む』日本キリスト教団出版局、１９９５年、38―39頁）。フェミニスト神学は白人エリート女性を中心にした視点によるもので、そこから排除された女性がいるとの批判が生じ、性と階級による抑圧だけでなく人種差別による抑圧をも意識化した独自の神学として、黒人女性のウーマニスト神学、ヒスパニック女性のムヘリスタ神学が生まれた。日本固有の「女性神学」を確立するための努力は続けられるべきであろう。その際にはアジア女性との連帯が鍵になると考えられる。

（３）ことに Mary Daly, *The Church and the Second Sex*, Beacon Press, (1968) 1985（メアリー・デイリー『教会と第二の性』岩田澄江訳、未来社、１９８１年）。日本のフェミニスト神学はフェミニズムの主流と直接の結びつきを持たずに展開されてきたように思われる。主流派フェミニストからすれば、キリスト教が父権制を強化するものであると思うのなら、なぜそこから離れないのか、という疑問が生じて当然だろう。実際にメアリー・デイリーはその後ラディカル・フェミニズムに移行、ポスト聖書的フェミニズムの立場をとった。

（４）今橋朗、竹内謙太郎、越川弘英監修『キリスト教礼拝・礼拝学事典』（日本キリスト教団出版局、２００６年）フェミニスト・リタージカル・ムーブメントの項（３３６―３３９頁）を参照。

（５）近著にそれぞれ絹川久子『沈黙の声を聴く――マルコ福音書から』（日本キリスト教団出版局、２０１４年）、山口里子『いのちの糧の分かち合い――いま、教会の原点から学ぶ』（新教出版社、２０１３年）がある。

（６）*The Women's Bible Commentary*, eds. C. A. Newsom, S. H. Ringe, Westminster/ John Knox Press, 1992, xiii（加藤明子他訳『女性たちの聖書注解』新教出版社、１９９８年、７頁）.

（７）Elizabeth Cady Stanton, *The Woman's Bible*, New York: European Publishing Co., 1895-98.

（８）*The Women's Bible Commentary*, xiii（『女性たちの聖書注解』、７頁）.

（９）フィリス・トリブル『フェミニスト視点による聖書読解入門』絹川久子他訳（新教出版社、２００２年）１１２―１１３頁を参照。

（10）たとえば男性の対等なパートナーとして創造されたエバ、

リーダーシップを発揮するミリアム、力強い信仰告白を行ったマルタなど。

(11)「日本フェミニスト神学・宣教センター通信」創刊号、2000年2月。

（『福音と世界』2015年8月号所収）

米国統治下における沖縄の社会正義神学

宮城《みやぎ》幹夫《みきお》

1947年生まれ。沖縄バプテスト連盟首里バプテスト教会で受洗。琉球大学（経済学科）卒業。ボストン大学大学院神学部卒業（神学修士）。国際基督教大学博士課程修了（学術博士）。現在、国際基督教大学キリスト教と文化研究所研究員。カンバーランド長老キリスト教会高座教会会員。

序

本稿は、米国統治下におけるプロテスタントキリスト者が実存的な社会正義理解と終末信仰を踏まえて、社会正義問題にどのように応答したかを神学的に検証するものである。本稿で述べるキリスト者は、沖縄県民だけでなく、米国の宣教師、教職者、および日本本土から沖縄に来たキリスト者を含んでいる。沖縄問題は、一般的に犠牲者の視点から論じられることが多いが、本稿は「社会的弱者に位置づけられていた犠牲者と、彼らを支援したキリスト者との関係を弁証法的に理解すると、強者と弱者は完全に等しい者である。強者は弱者の終末の希望に励まされ、弱者に仕える決断へと導かれるのであり、つまり、支えられる側の弱者が支える側の強者を励ますとの弁証法的関係になる」との結論を提示する。この検証は、今日の日本のキリスト者が沖縄との関係で社会正義問題に応答する時に確認すべき実存的神学の提示である。なぜなら、沖縄は日本の社会的弱者であり、その沖縄の苦悩を乗り越える神学なしに日本の社会正義神学は成立しないと考えるからである。

沖縄は15世紀に誕生した琉球王朝が、１６０９年の薩摩藩侵攻後、１９７２年に日本復帰するまでの３６３年に亘る期間、時の権力機構に従属させられた歴史をもっている。沖縄の精神風土は、薩摩藩の支配下にあっても琉球王朝を頂点とする祖先崇拝を中心とするものであったが、１８７９年のいわゆる琉球処分による王朝崩壊後は、親族を中心とする祖先崇拝へ変移し今日に至っている。よって、天皇を頂点とする日本本土の精神風土とは異なるものがある。特に、本土において大日本帝国憲法と道徳的規範である教育勅語を基盤として国体維持を優先させてきた明治以降から敗戦にいたるまでの期間、親族を中心とする祖先崇拝を保持していた沖縄県民が、天皇のために命を犠牲にして集団自決などを行う精神的土台が育まれていたとは考えづらい。それは、元沖縄県知事で社会学者の大田昌秀が、「1950年代初頭の米軍当局による土地収用問題が起こるまで、県民は米軍当局を日本帝国主義の圧政から解放してくれたと認識していた」と証言していることからも明白である。

しかし、1952年のサンフランシスコ講和条約で沖縄が日本本土から切り離された後の米国統治に失望した沖縄県民は民主主義を基盤とする戦後日本の平和主義憲法に希望を見いだした。それは、米国圧政の下で、国民主権を有していない県民の希望であり、日本国憲法に県民の存在意義を見いだしたのが米国統治時代の沖縄の県民の現実（リアリティー）であった。なぜなら、講和条約第三条で、米国が司法・行政・立法を掌握し沖縄を統治することを規定したので、沖縄の完全な法的自治権は存在せず、土地接収、米兵による強姦などの社会問題に対して、沖縄の犠牲者は法的対抗手段をまったく有していなかったからである。このことは、沖縄県民の人権と尊厳の蹂躙を意味した。沖縄のキリスト者は、憲法にある民主主義と平和主義を神学的に理解したが、その信仰姿勢は本土のキリスト者と同一である。

では、米国統治時代の実際の社会正義問題に対してキリスト者は信仰によって米国の圧政に抗議し、犠牲者の苦しみに心を寄せて支援したのであろうか。また、キリスト者は社会正義問題に応える彼らの信仰基盤をどこに置いていたのか。本稿のもととなっている博士論文ではこれを検証するために沖縄のキリスト者として当時の主流派である沖縄キリスト教団（以下教団）、沖縄聖公会（以下聖公会）、沖縄バプテスト連盟（以下バプテスト連盟）、およびセブンスデー・アドベンチスト教会（以下セブンスデー教会）を選択し、彼らの信仰基盤を社会正義に関する教会の「信条」から考察した。

沖縄のキリスト者や教会の社会正義と終末信仰に関する告白は、教会の「信仰告白」「信条」「祈祷書」等をもって確認した。教会は「隣人愛、人格尊重」および「国家および国際正義の遵守」を通して社会的弱者の擁護と正義の遵守を規定しているが、告白が直接的に表現されていない教会に対しては、それらの教会の社会正義の基盤である「信教の自由」の闘いの歴史を踏まえて考察した。告白は、キリスト者が信仰生活の中で確認できるものを基本とした。なぜなら、実際の社会問題に応答する神学理解は実存的なものだからである。ではキリスト者は、それらの「告白」をもって実際の社会問題にどのように応答したのであろうか。本稿では米軍当局による土地接収問題、米兵による強姦問題、およびハンセン病問題に焦点を当てて検証する。

１　社会正義問題に対するキリスト者の応答（１）
――３つの社会問題の共時的検証

（１）土地問題

１９５０年代初頭に米軍当局は共産陣営と軍事的に対峙するために、沖縄の米軍基地を再整備する目的で、県民の土地を強制的に接収した。米軍当局は地代を値上げしても地主の同意を得ることができなかったため、法的自治権を有していない琉球政府が地主に代わって同意することのできる法令（布令１０９号、１１０号）を発布して、地主の同意を得ることなく土地を接収した。農民の地主でキリスト者の阿波根《あはごん》昌鴻《しょうこう》は、他の農民と共に米軍当局に非暴力で抗議したが、キリスト者を含む多くの沖縄県民は、米軍当局の圧力に屈して抗議に加わることなく問題を黙視した。米軍当局は政策に反対する者を共産主義者と断定し弾圧したので、声を上げることができなかったのだ。教会とキリスト者が問題を黙視していた時に、阿波根の苦しみに心を寄せ共に米軍当局に抗議したのは、教団に派遣されていた米国メソジスト教会のＣ・Ｈ・リカルドを中心とする宣教師たちであった。

（２）強姦問題

キリスト者活動家の高里鈴代が、「戦争が終わった時から女性の戦争は始まる」と述べているとおり、沖縄の米兵による強姦事件は終戦から継続的に起きている。強姦犠牲者とその家族は事件を恥であると考え公にされることを嫌ったので、問題が表面化されることは困難であった。さらに、琉球政府は容疑者を検挙し法廷で裁く法的手段を有していなかったので、沖縄県民は問題を世論に訴えるしかなかった。１９５５年、６歳の永山由美子ちゃんが米兵に強姦され殺害された時、「由美子ちゃん事件」として事件の真相が報じられた。問題に抗議の声を上げたのは沖縄教職員会であるが、教職員会はＰＴＡ連合会、沖縄婦人連合会を母体とする「沖縄子どもを守る会」を発足させ、沖縄本島をあげて抗議運動を展開した。裁判は非公開の軍事裁判で行われ、裁判官、弁護団、陪審員は、全員米軍当局によって指名された米軍関係者であった。沖縄のキリスト者は、米兵の性的暴力事件にどのように応答したのであろうか。キリスト者は新聞を通して問題を非難したが、容疑者の残虐性を非難し、米軍に軍規粛正を求めるものに留まっており、またそれらはキリスト者個人レベルのもので、教会レベルでの抗議に発展はしなかった。教会の機関誌、また宣教活動を総括している記念誌等を検証する限りにおいては、強姦事件の犠牲者を支援するキリスト者と教会はみつからない。高里が強姦犠牲者を統合的に支援する「強姦緊急支援センター沖縄」を設立したのは「由美子ちゃん事件」から40年後の１９９５年であった。しかし高里は「沖縄の性的問題に対して問題意識をもったのは米国統治時代であった」と証言している。

(3) ハンセン病問題

１９１５年、熊本の回春会病院設立者の英国聖公会宣教師ハンナ・リデルの命を受けて、米原馨児《まいばらせいじ》は沖縄のハンセン病者の状況視察のため来沖しハンセン病患者を支援しながら調査活動を進めた。１９２７年、永久的なハンセン病者支援宣教活動のために青木恵哉《あおきけいさい》が来沖し、聖公会による本格的な支援宣教活動が開始された。ＭＴＬ（Mission to Lepers）が組織され、超教派の沖縄キリスト者による支援活動も行われた。１９４１年から終戦後における支援は沖縄キリスト教団（戦前は日本基督教団）によって進められたが、１９５１年、ハンセン病療養所の「祈りの家教会」を聖公会所属にすることをハンセン病支援に関係する教会指導者会議で決定し今日に至っている。ハンセン病療養所「愛楽園」に勤務していたキリスト者の医師、看護師などの職員は、ハンセン医療活動に大きな貢献をしている。ハンセン病が不治の病であると認識され、患者が沖縄の最下層市民として位置づけられ社会の差別に晒されていた時、キリスト者のハンセン病者を支えたある医師は、終末において病が完全に癒されることを信じる彼らの篤い信仰に心を動かされ、生涯彼らに奉仕する決心をした。社会的エリートが、社会的弱者から生涯をかけて弱者に奉仕する献身の思いを与えられたのである。

前述のとおり、米国統治下における社会正義問題に対するキリスト者の応答は、完全なものではなかった。キリスト者が「信仰告白」「祈祷書」で弱者に仕える告白をしていたにもかかわらず、彼らは信仰告白で告白してきたものを実際に行動に移すことができなかったのだ。キリスト者が土地問題を黙視したことは許されるものでなく、県民に躓きを与える結果になった。それでは次に視点を変え、敗戦から復帰までの米国統治時代を年代順（クロノロジカル）に振り返り、社会正義問題に対するキリスト者の応答を検証してみたい。

2　社会正義問題に対するキリスト者の応答（2）
――年代順による検証

１９４５年の敗戦後、沖縄にいたキリスト者は戦争当事者として戦争責任を告白した。1945年、米国従軍牧師のジェームズ・マシューは捕虜収容所において日米両国が戦争したことの罪を懺悔した。1946年、比較宗教学者の比屋根安定《ひやねあんてい》は来沖して戦争責任を告白した。比屋根の告白は、戦中、日本基督教団が政府の海外侵略政策を擁護することに彼が直接的に加担したことの罪責を懺悔したものだった。なぜなら、比屋根は時の政府の海外侵略政策を神学的に擁護した「日本基督教団から大東亜共栄圏に在る基督教徒に送る書翰」を編纂する委員会の一員であったからである。1951年、教団牧師の与那城勇は、那覇で開催された世界平和運動促進大会の開会祈祷でキリスト教会を代表し戦争責任告白を公にした。1954年、教団議長の比嘉善雄は、米軍当局が主催する「従軍記者アニーパイル記念会」における祈祷で、戦争責任を告白した。比嘉は特に、米国の水爆実験に言及し神の裁きと悔い改めを強く説いた。沖縄の戦後は、沖縄にいたキリスト者が戦争責任を公の場で告白することで始まった。それは1948年にアムステルダムで開催された第一回世界教会協議会で、世界のキリスト者の指導者が「戦争は神の御旨に反する」と告白したことと同一であり、戦争責任を神に告白したものであった。

戦争責任告白の後、沖縄にいたキリスト者は、社会正義問題に声を上げ始めた。1954年、宣教師オーティス・ベルは『クリスチャン・センチュリー』紙に「沖縄人を公平に扱え」と題する抗議文を寄稿し、米国当局の強制土地収用を非難した。1957年、沖縄教職員会と琉球大学の招聘で来沖した東京大学総長でキリスト者の矢内原忠雄は、沖縄の民意を尊重することなくして米国軍当局が沖縄を統治することはできないと軍当局の統治を非難した。これは1937年、矢内原が、盧溝橋事件後、中央公論に「国家の理想」を寄稿し満州人民の人権を尊重することなく植民地を統治することは不可能であると彼の専門である植民地政策論を踏まえて非難したことと同一である。1966年、教団牧師の平良修は、米軍当局の最高責任者であるアンガー高等弁務官の就任式の祈祷において、沖縄の人々の人権と尊厳を遵守することを高等弁務官に求め、また、弁務官が最後の弁務官になることを願いもとめる祈祷をした。この平良の祈祷を沖縄の地元紙、米国英語紙、本土の新聞が取り上げたことで、沖縄の人権問題が内外に向けて発信された。沖縄のキリスト者と教会は社会正義問題を黙視してきたが、平良の祈祷が沖縄の英語誌を除くマスコミに好意的に取り上げられたことを受けて抗議の声を上げ始めた。平良の祈祷は、沖縄にいたキリスト者の社会問題に対する信仰姿勢を変革したものであると位置づけられる。同年、バプテスト連盟牧師の名護良健《なごりょうけん》は、連盟の機関誌である『沖縄バプテスト』に寄稿し「平良修牧師の祈祷を沖縄のメディアが大々的に取り上げていること自体に、沖縄の非民主主義的な現実がある」と述べて米国の沖縄統治の専制的な体質を非難した。名護の寄稿に続いて他の教職者も次々と『沖縄バプテスト』に社会問題に対する非難を寄稿した。同じバプテスト連盟の林清見牧師は、「政教分離を理由にして社会正義問題に口を閉ざすことは許されない」と主張した。

1968年、聖公会のエドモンド・ブラウニング主教は、第一回の沖縄伝道教区の会議において、「沖縄の日本復帰にむけて沖縄の人々の人権が、日本国憲法で保障されること、および、日本復帰が世界、特にアジアの平和に貢献するかたちで進められることを望む」とする教区決議案を採択するに際し提出した主教告示において、「教会は社会正義問題にこれ以上口を閉じていることはできない」と説いた。それまで沖縄におけるキリスト者の抗議が個人レベルのものであったことに比べると、聖公会の決議案は教会が発信したものであり、その意義は大きい。教区で採択された「決議案」は、米国聖公会総会でも採択されたので、キング牧師が暗殺された1960年代の米国における公民権運動の歴史と共に、人権問題に関する世界の教会史において大きな意味を持つものである。

1970年、バプテスト連盟宣教師のエドワード・ボーリンジャーは、『クリスチャン・センチュリー』紙に寄稿し、沖縄の毒ガス問題に関する抗議を行った。ボーリンジャーはバプテスト連盟で伝道部長の任に就いて伝道活動に大きく貢献した宣教師である。彼自身、社会正義問題に距離を置いて宣教活動を優先していた宣教師であると認識されていたが、毒ガス問題に関する抗議の内容は厳しく辛辣なものである。彼は「沖縄の人々は25年間、米軍当局の圧政の下に置かれていたにもかかわらず、米国は毒ガスを沖縄から米国に持ち込むのに躊躇していることは許されるべきでない」と米国に向けて抗議した。

同年、教団牧師の金城重明は、地元の新聞『琉球新報』に、集団自決に関する自身の見解を表明した。金城は、集団自決は人間個人と国家が犯した罪であると事件を神学的に整理した上で、自身を含めたすべての日本人、および、国家が戦争責任を告白すべきであると説いた。

3　社会正義問題に応答するキリスト者の不完全性

本稿第1項で述べた通り、3つの社会正義問題に対するキリスト者の応答は不完全なものであった。土地問題に抗議したキリスト者の阿波根昌鴻と共に抗議したのは米国メソジスト教会の宣教師であり、沖縄のキリスト者は問題を黙視した。強姦問題に対しては犯罪を個人レベルで捉え、教会として抗議することはなかった。ましてや、強姦犠牲者の苦悩を受け止め、犠牲者を支援するキリスト者も教会も記録にはあらわれてこない。他の問題とは違い、ハンセン病問題に対してはキリスト者と教会が一丸となって支援したが、支援したキリスト者が他の社会正義問題に取り組むことはなかった。沖縄にいたキリスト者の社会問題に対する応答は、それぞれが部分的なもので不完全であった。土地問題で立ち上がることのなかった教会とキリスト者に対して、阿波根は「教会は賛美して説教を聞くだけの場なのか」と鋭く非難したが、これはキリスト者の罪深い本性を責めたことばであろう。キリスト者の行為が沖縄県民に躓きとなったことは事実である。

しかし、本稿第2項の検証からは、キリスト者個々人は不完全であっても、キリスト者が悔い改める時に与えられる贖罪の赦しによって神の業を確認することができるということがわかる。なぜならば、贖罪の赦しが与えられたキリスト者は隣人に仕える神の業に参与する者へと導かれるからである。土地問題で抗議した米国メソジスト教会のリカルドは紀元前8世紀の預言者のように社会正義に立ち上がる必要性を説いた。矢内原は米軍当局の沖縄統治を非難したが、彼は、「国家の理想」で預言者イザヤの預言を基に日本の満州侵攻を非難した。紀元前8世紀の預言者は、神から離れたイスラエル民族に対する滅亡を預言するものであるが、預言者の意図はイスラエル民族の滅亡ではなく救済であった。

では、沖縄にいたキリスト者が1960年代後半、平良修の高等弁務官就任式での祈祷を境にして抗議の声を上げることができたのはなぜなのか。平良自身は、米国留学時代に公民権運動犠牲者の追悼会に参加して、自身が、はたして沖縄の弱者に仕えてきたのかと自問し悔い改め、生涯彼らに仕えていこうという信仰的決断をしている。抗議したバプテスト連盟牧師の名護、沖縄伝道教区主教のエドモンド・ブラウニング、米国バプテスト教会宣教師のボーリンジャー宣教師の3名は社会正義問題を黙視したことを懺悔した。沖縄キリスト教団牧師の金城は、集団自決で肉親を殺めたことを懺悔した。この時期に社会問題に抗議し始めたキリスト者は、まず国家、そして自分自身の中にある過ちと罪を神に告白した。

戦争責任を含む「キリスト者の悔恨の思い」は、自身と国家が犯した過ちを認識し、懺悔の思いを「神に対して告白する」ものである。その思いは、人間の罪によってもたらされた悲惨な現実に向き合い、悔いる思いと、その悲惨な現実に「神の赦しを祈りもとめるもの」である。悔恨の思いは、神の裁きによる滅びの中にあっても「神の赦しからくる光に希望を見いだす」ことのできる時でもある。「悔恨の思い」はさらに、その悲惨な現実で犠牲になった魂と、犠牲者の苦しみに思いを寄せること、つまり「他者へ目を向けることのできる広さ」を持つものであることが、前述した抗議者の信仰的変遷からもわかる。沖縄の社会正義問題に抗議したキリスト者は、隣人に、また、教会に躓きを与えたことに悔恨の思いを持つにいたったことを原点として、犠牲者の苦悶に心を寄せる決断をしている。神に捧げた彼らの悔恨の思いは、神が十字架の贖罪によって受け止めてくださると確信できるものである。ここに、人間の不完全性と神の贖罪による完全性の弁証法的な関係が成立する。

4 沖縄にいたキリスト者の終末信仰を内在する社会正義神学

前述したとおり、戦後沖縄にいたキリスト者は、戦争責任を公の場で告白し、社会正義問題に抗議の声を上げた。彼らの抗議は社会正義問題の犠牲者を生み出した時の国家と権力機構、および、犠牲者への社会的偏見に対峙するものであった。抗議は、国家と権力機構に対して、犠牲者である社会的弱者の人権と尊厳を遵守することを要求し、彼らに懺悔をもとめた。懺悔をもとめる抗議者の声は、神の裁きである滅びを告げる紀元前8世紀の預言者の預言をベースにする抗議者も含む、厳しいものであった。では、終末信仰は社会正義問題にどのように関係しているのであろうか。

病のために沖縄の社会で差別に晒されていたハンセン病者に奉仕した医師の犀川一夫は次のように証言した。

本病が不治の病であった頃の彼らは、次第に全身をおかし、死を待つばかりの運命にあったにもかかわらず、「魂の救いに与った恵み」を感謝し、ひたすら「終末における肉体の潔めと、復活、再臨」を待ち望んでいた。そこにはもはや怨念はなく、……「永遠の命に与った平安と感謝」が溢れていた。……四十余年にわたる私のハンセン病医師としての歩みには、このような人たちの真剣な祈りの支えが、常に背後にあったことを深く思わざるをえない（犀川一夫著『門は開かれて――らい医の悲願　四十年の道』みすず書房、1988年、116―117頁）。

彼の証言は、当時の沖縄にあって「社会の最下層市民」として位置付けられていたハンセン病者の「終末信仰の希望」に、社会的エリートとしての医師が心揺さぶられ、彼らに生涯奉仕することを決心させた「弁証法的な神学理解」に基づく「証言」であることがわかる。病のゆえに社会において人間としての尊厳が踏みにじられていた中にあって、その踏みにじられた尊厳が終末に完全に癒されると確信し、さらに、隣人に目を向けることを可能にする終末信仰には、すべてを失った中に光を見いだして現在に生きる豊かさがある。自身がハンセン病者の沖縄聖公会司祭、徳田祐弼《とくだゆうすけ》は「この病は私のすべてを奪った、永遠の命を除いて」と謳ったが、この短歌は、徳田のこの世の豊かさを失った嘆きと、それを超えた終末の希望を表現している。それは、終末の世界に逃避するものでなく、この世に奉仕する徳田の人生を証しするものであった。また、終末信仰を教会の信条の大切な柱と位置付けているセブンスデー教会の沖縄教区長、畠中徳雄が、「医療伝道は、イエス様の再臨間近の一番最後まで続けられる働きである」と証言したとおり、セブンスデー教会は、沖縄に近代的な医療施設が整っていなかった時代から医療宣教の働きを通して社会に奉仕した。強姦犠牲者である女性は、「私は、もう人間でない」と自己を否定して助けをもとめて叫んだが、彼女に対しキリスト者は犠牲者の尊厳が終末において完全に回復される希望をもって、犠牲者の苦しみに寄り添い、次の犠牲者を出さないためにこの現実に向き合うのである。阿波根は、非暴力で抗議したが、彼は圧倒的な武力をもって抗議者を鎮圧する権力機構に対峙する前に、抗議が失敗に終わるかもしれないという絶望を超えて、奪われた土地が戻り、基地のない伊江島のすがたに戻るという終末信仰をもって、現在に生きる力を与えられたのであった。

5　沖縄の社会正義神学を現在に提示する意味

米国統治時代に沖縄にいたキリスト者の「終末信仰を内在する社会正義神学」は現在に何を提示しているのであろうか。エジプトでイスラエルの民が、社会的弱者の最下層市民である奴隷の苦しみの中にあった時に、神はイスラエルの民の叫びに応え、モーセを選び民を解放した。神がイスラエルの民に与えた使命は、民が神を礼拝すること、また、彼らをとおして、ファラオが、そしてこの世が、真の神を知るようになるためにこの世に仕えることであった(出エジプト9章13―16節)。沖縄の人々の人権が踏みにじられてきた歴史をとおして、また、日本の中で社会的弱者に位置づけられ続けている沖縄にあって、キリスト者に与えられている使命はイスラエルの民の使命と同じであり、神に仕え、苦しみに応えてくださる神を、この世に知らしめることである。

1969年に、聖公会沖縄伝道教区は「沖縄の復帰が世界の、特にアジアの平和に貢献するかたちで進められるように願う」という決議案を採択した。翌年の1970年、金城重明は、「沖縄戦の悲劇は忘れ去られるべきものでなく、私ども一人びとりの重要な歴史的教訓として生かされるものである。イエスは、人が全世界をもうけても、自分の命を損したら、なんの得になろうか、と言われた。私は、全世界よりも重く尊い人間の命のために仕えたい」と証言した。聖公会の決議と金城の証言は、すでに約半世紀前のものであるが、沖縄にいたキリスト者の働きを振り返る時、彼らのメッセージは、私たちがこの世でイエスの福音を述べ伝え、社会的弱者に奉仕するために召されていることを示している。

最後に、沖縄のキリスト者は「終末信仰を内在する社会正義神学」をもって社会正義問題に応答してきたことが立証できたと確信する。それは、不完全なキリスト者が、悔恨の思いを神に告白して贖罪による神の赦しと終末の希望によって、弱者に仕える神の業に参与できたからである。しかし本稿の目的は立証そのものではなく、私たちの使命が「終末信仰の希望をもってこの世で主を証しし、隣人、特に社会的弱者に仕えることである」と主張することである。

※本稿は博士論文をもとに執筆したが、字数の制限ですべての内容、注釈、および参考文献などを載せることはできていない。今年度中を目標にして、英国のオックスフォード宣教研究所（Oxford Center for Mission Studies）から出版される予定の拙著 *The Protestant Theologies of Social Justice with an Eschatological Perspective: Christians in Okinawa during the U.S. Administration (1945-1972)* を見ていただけたら幸いである。

（『福音と世界』２０１５年11月号所収）

寄留の牧者・神学者　李仁夏牧師

——移住民の神学の素材として

関《せき》田《た》寛《ひろ》雄《お》

1928年北九州生まれ。1957年青山学院大学大学院卒業。1962年マコーミック神学校、1963年アンドーヴァー・ニュートン神学校卒業。青山学院大学文学部教授、日本基督教団桜本教会及び川崎戸手教会牧師を歴任。現在、日本キリスト教団神奈川教区巡回牧師、青山学院大学名誉教授。

この文書は２０１５年1月12日になされた「移住民の神学研究会」での講演の録音をもとに起こしたものです。

はじめに

１９５９年に李仁夏（イ・インハ）先生が在日大韓川崎教会に赴任なさってから49年間、わたしはともに川崎で歩んできました。わたしは57年に現在の日本基督教団桜本教会の開拓伝道に入っていました。

1　李仁夏牧師と川崎

(1)　牧師赴任に際しての出来事

川崎に赴任後まもなく李仁夏先生がわたしを訪ねてきてくださいました。そして、その時、息子さんが小学校に転入する際に校長から日本人の保証人が必要だと言われたので、わたしになってほしいと頼まれました。また、娘さんの保育園入園に際しても同様のことがありました。李仁夏先生は、川崎に来た早々に、心に大きな傷を受けられたことと思います。

(2)　桜本保育園の設立

李仁夏先生のおつれあいは保育士でした。そして、ご自分のお嬢さんのときの経験から、在日同胞のための保育園を開かれました。礼拝堂を利用した保育です。ところが、保育所を必要とする日本人たちもそこに殺到し、日本人6、韓国人4というような割合になりました。そこでは、韓国人は韓国人として、日本人は日本人として、それぞれ民族名を大事にする方針がもたれました。日本の朝鮮に対する皇民化政策で苦しんできた経験があるからです。また、「隣人を愛せよ」というイエスの言葉が保育原理とされました。韓国人の子どもが日本の保育園から排除されるということがあったにもかかわらず、李仁夏先生は、日本人の子どもも受け入れたのです。

(3) 川崎信用金庫による融資差別

あるとき、川崎教会の役員のひとりが川崎信用金庫に融資を頼みました。この人は、すでにかなりの額をそこに預けていました。それにもかかわらず、朝鮮人には融資しない、と言われました。そこで、李仁夏先生は川崎信用金庫に抗議に行きました。一緒に行った若い人たちは「融資の差別をやめろ」と激しく声を上げましたが、李仁夏先生は、頭を下げて、責任者と一対一でじっくりと話しました。先生は、日本人の差別を崩すために、いつも、やわらかでていねいな姿勢で、諄々と話されました。ついに、川崎信用金庫は自分たちの間違いを認め、融資差別を撤回しました。すると、おもしろいことに、川崎教会の人びとはつぎつぎと川崎信用金庫に預金するようになったのです。李仁夏先生はつねにこのようなやり方でした。

(4) 日立就職差別裁判をめぐって

朴鐘碩（パク・チョンソク）という青年は、本名で就職活動をしましたが、11社つづけて不採用になりました。そこで、たまりかねて、日本名で応募したところ、日立に採用されたのです。ところが、働き始めてしばらくして、戸籍謄本を出すように求められました。そこで、じつは、わたしは在日韓国人で戸籍はありません、と言うと、名前を偽って就職していたのだから解雇する、ということになったのです。そのころ、外国人登録法改悪反対署名運動を慶応の大学生たちが各所で行っていました。朴さんは、彼らに話しかけ、自分の身に起こったことを語り聞かせました。これをきっかけに、日本人と在日が一緒になって行った、おそらくは最初の人権闘争が始まりました。この裁判は中平健吉氏（日本基督教団西片町教会員）が弁護人に加わり、和解ではなく、民族差別をしたことを日立に認めさせる勝訴を目指し、そのとおりになりました。李仁夏牧師は、留学経験を活かして、アメリカやカナダに日立製品不買運動を呼びかけ、功を奏しました。勝訴となり、朴さんは、「本名を取り戻せた」と喜びました。感謝の祈祷会が川崎教会で開かれました。そこには韓日の青年も集いましたが、在日一世である長老のひとりが若者たちにありがとう、よくやってくれたと頭を下げました。その言葉を機に、一同皆すすり泣き、そして、高らかな賛美がささげられました。

あの時の感動は忘れられません。その中心には李仁夏先生がおられました。

(5) 川崎市教育委員会との話し合い

川崎でも在日の小学生、中学生のある子どもたちは、ランドセルの中に味噌汁を流されたり、ズックを隠されたりするなど、激しいイジメを受けました。民族名で子どもを通学させている母親たちが中心になって、「子どもを見守るオモニたちの会」が作られ、李仁夏先生のところに、現状を訴えてきました。先生は、川崎市教育委員会と子どもたちのオモニ、アボジたちが話し合う場を準備し、教育文化会館で話し合いが始まりました。若いアボジたちは教育委員たちに激しく詰め寄りますが、李仁夏先生は相手に淡々と尋ねました。「皆さんにお尋ねしたい。皆さんは、私たち同胞の子どもの教育というものを、恩恵だと考えますか、それとも権利だと考えますか」。そして、「もし、教育を恩恵だと考えるのであれば、それは、わたしたちには屈辱です。在日同胞の教育は、自然法に基づく権利だと理解していただきたい」と諄々と説かれました。こうした話し合いが十数回重ねられ、李仁夏先生の説得で、教育委員会は段々と理解を深めていきましたし、オモニたちもたくみでした。話し合いの後、委員たちのところに行き、「きついことを言ってごめんなさいね。夕食でもいかがですか」と言って、焼肉とビールに誘いました。硬軟、織り交ぜてのアプローチでした。こうしたことがあって、「川崎市外国人教育基本方針」が公にされ、川崎市の新任教師は、一年間民族差別についての講習を受けることが義務付けられました。李仁夏先生の熱心な活動が実ったのです。李先生は言われました。「糾弾は理解を求めないと逆効果になるよ。相手をつぶすためのものではないよ。理解してもらえれば、かならず味方になってもらえるよ」。当時の伊藤三郎市長は李仁夏先生を高く評価しました。

わたしは李仁夏先生と牧会上の話もよくしました。川崎教会の礼拝堂は保育にも使われるため、壁にボールの跡がついたり、長椅子を動かすときに床に傷がついたりしました。それを見た役員さんがせっかくの礼拝堂なのにと李仁夏先生に抗議したそうです。同じように桜本教会の礼拝堂で保育をしていたわたしは「うちもそうなんですよ。子どもたちによって礼拝堂が汚れる。でも、イエスさまの教会だからそれもいいんじゃないですか」と答えると、先生は「そうかな」と言っておられました。

(6) ＪＡＣＳによる差別

これは、わたしの保育園に来ていた子どものオモニですが、磁気ふとんを月賦で購入した際に、ＪＡＣＳという信販会社から「韓国人の方ですか。うちの会社は外国人との契約はお断りしています」と言われたそうです。わたしは保育園児に本名で通園することを勧めていたこともあって、わたしのところに相談に来られたのだと思います。そのうち、水曜日に聖書の勉強に来られるようになり、やがて、洗礼を受けたいという気持ちを持つようになられました。そこで、わたしは、李仁夏先生の川崎教会に行くように勧めました。そして、川崎教会と李先生はこのオモニを受け入れてくださいました。交渉と話し合いのすえ、ＪＡＣＳは契約の際の民族条項を撤廃しました。そうしたら、オモニたちは月賦で買うときこぞってＪＡＣＳを利用するようになったそうです。

(7) 指紋押捺をめぐる闘い

１９８０年代に指紋押捺拒否運動が始まり、ふれあい館の李相鎬（イ・サンホ）さんも、それに連なりました。川崎市では、事前に、伊藤市長が、外国人登録法の側に問題があるから指紋押捺拒否者を告発しません、と宣言していましたし、また、有識者らが指紋押捺拒否者が出ても逮捕しないように要望書を出していましたが、李相鎬さんは、通勤途中で逮捕されてしまいました。それを聞いて、李仁夏先生からわたしのところに電話がかかってきました。「イ・サンホくんが逮捕された。臨港警察署に抗議に行こう」。桜本保育園に子どもを預ける若い在日のオモニ・アボジたちがドラや太鼓を鳴らしながらデモ隊を組んで警察署に向かいました。わたしはうしろにくっついてとぼとぼと歩いていました。ところが、そこを曲がれば警察署が見えるという角が近づいた時、先頭を進んでいた李仁夏先生がわたしを手招きするのです。何事かと思って、先頭まで行きますと、李先生が「関田先生、一緒に歩いてください」と言うのです。わたしはそのとき、戦時中の日本の警察の朝鮮人に対する仕打ちを知っている李先生たちにとって、警察がいかに脅威であるかを痛感させられました。そして、わたしは李先生としっかり腕を組んで歩きました。警察署の前では警官が二列に並び、わたしたちを中に入れてくれませんでした。責任者を呼んでくれと言ってもまったく応じません。李先生は「抗議します」と言って、抗議文を読まれました。その中には、伊藤市長が指紋押捺拒否者を告発しないと明言したことも盛り込まれていました。若い親たちは、警察署の外でドラやチャンゴを鳴らしながら、「イ・サンホくん、がんばれ」と叫びました。後から聞くと、それが聞こえて、李相鎬さんは非常に励まされたそうです。ここでも、オモニたちはユニークな行動をとりました。「おまわりさん、トイレ貸してちょうだい」。そう言って、若いオモニたちが交互に、二列の警官隊をかきわけて、署内に入っていきました。その晩、「イ・サンホくんを守る会」が結成されました。川崎市の職員組合が迅速に動いてくれ、数百人が集まりました。李仁夏先生は聖書の言葉を引きながら、李相鎬さんの釈放を訴えます。伊藤市長は告発しないと言っているのに、警察が逮捕するのはおかしいと。また、弁護士を通して、李相鎬さんのメッセージも届けられました。「わたしは、蛇のように賢く、鳩のように素直に闘います」とここでも聖書の言葉が引用され、さながら、伝道集会のようでもありました。李仁夏先生は、その後、李相鎬さんを支える活動や指紋押捺拒否運動をエキュメニカルに展開し、神奈川県でも多くの外国人が連帯して指紋押捺を拒否しました。このように、在日青年への李仁夏牧師の対応はじつにすばらしいものでした。

2　李仁夏先生の人権闘争をめぐって

(1)　基本姿勢としての「日本人へのラブ・コール」

李先生はご自分たちの人権闘争を「これは日本人へのラブ・コールなんだ」とつねづね言っておられました。日本人を憎むのではなく、共に生きていきたい、という願いをもっておられたのです。これは、一緒に生きましょう、というラブ・コールなんだと繰り返し口にしておられました。共生こそが目的なんだ。ここに李仁夏先生の基本姿勢があったのです。

(2)　糾弾闘争の意図と方法

当時、若い在日学生やアボジたちは、ときに、差別を激しく糾弾しました。しかし、李仁夏先生は、糾弾の意図は相手に理解を求めることにあると言われました。わかってくれれば味方になってくれる。糾弾は、相手を沈黙させ、つぶすためにあるのではない。これも、李仁夏先生からの貴重な遺産です。

(3)　周辺から中心への視点

在日韓国人は、いわば、居場所のない寄留の民でした。不安定な居住条件などがどれほどストレスになったことでしょうか。桜本はそのような人びとが寄留するところであり、中央から見れば、周辺でした。ところが、その周辺から川崎市や神奈川県、日本政府という中央に向かって、共生のメッセージが発信されたのです。ローカルなところで起こっている問題を発掘して、公の場、中央に持って行く、ローカルにルーツをもつ発信、それが李仁夏先生の姿勢でした。

(4)　少数弱者としての発信

李仁夏先生は個の痛みをおろそかにしませんでした。むしろ個人の痛みの中に普遍的なモチーフが隠されていることを見ておられました。個人との出会いの中に普遍的な問いかけがある。これが李仁夏先生の視点でした。

(5) 和解の成就としての課題の共有

李仁夏先生にとって、和解とは、歴史認識を欠いたままで仲よくすることではありませんでした。相手の痛みを共有して共に解決のために闘うことがなければ和解はない、これも李仁夏先生から学んだことです。

3 李仁夏先生と在日

(1) 自己同一性の確立を目指して

李仁夏先生は何人かの在日青年の自死を経験されました。ある青年は、高校までは本名で通学しましたが、大学では通名を使いました。大学で彼女ができました。ある時、高校までの友達の集まりに彼女も来ました。そこで友達は皆彼を本名で呼びます。彼女はどうしてそういう名前で皆が彼を呼ぶのか訝しがります。それが結局彼の自死を招く結果になったのです。彼は「自分自身であることができませんでした」という言葉を残したそうです。この青年の父親が李仁夏先生の川崎教会のメンバーでした。李先生はこの時、非常に苦しまれました。牧会者として本当につらいことだったと思います。在日のアイデンティティの問題は、李先生の脳裏から四六時中離れることはなかったと思います。

(2) 居場所の不安定性のもたらすもの

川崎教会出身で今は大阪にいるK牧師は父親を振り返って、「アボジ、お願いだから、早く死んでくれ」と心の中で叫んでいたことを告白しています。日本社会で在日韓国人が受ける非常に大きなストレスが、家庭内暴力を引き起こしたのでした。父親がどこかで「朝鮮に帰れ」と罵倒され、差別され、その苦しみから酒を飲み、泥酔して帰宅し、包丁をふりまわす。すると、妻や子どもたちは他所に避難するしかありません。そして、深夜、教会の門をたたき、事情を話し、教会で一晩過ごすというようなことがあり、ここで宣教するには教会はかけこみ寺の役割もしなければならない、と李先生と話したものです。在日朝鮮人は、この日本で生きることに何の保証もない、生きるための場所の保証も何もない、そのことがもたらすストレス、不安はいかに大きなものでしょうか。ピアニストの崔善愛さんは、ある講演で、在日が余儀なくされる「居場所の不安定」を訴えておられました。

(3) 福音伝道と民族性の拠点としての教会

李仁夏先生にとって、個人と民族、そして、福音と民族性の回復は並行することでした。伝道と民族性回復の課題は並行することがらだったのです。

むすびとして

わたしは李仁夏先生と49年、ともに歩ませていただきましたが、李仁夏先生を語るにあたって欠かすことができないのは、お連れあいの幸子さんのことです。ヘンジャと呼ばれていましたが、日本人のさちこさんです。李仁夏先生は「幸子と結婚してよかったことは、彼女は一度も、韓国人はどうのこうの、などと言ったことがないことだ」と述べていました。幸子さんは、在日朝鮮人の教会の中で日本人に対する厳しい思いを一身に受けておられたと思います。李仁夏先生と幸子さん、このおふたりの関係はとてもすばらしいものでした。

最後に申しあげますと、李仁夏先生は晩年「関田に最後の言葉を」と言い残してくださいました。李先生なら在日大韓教会の著名な牧師たちに見送られるのが当然と思われるのですが、日本人のわたしに、と言ってくださったのです。これは、本当に大きな光栄でした。李仁夏先生の友情を感じました。責任も覚えました。そんなこともあって、わたしは今、社会福祉法人青丘社の後援会の会長を務めるなどしながら、李仁夏先生の遺産を何とか守っていきたいと願っています。

（文責・林巌雄〔日本基督教団蒲田教会牧師、移住民の神学研究会員。「移住民の神学研究会」への問い合わせは林まで〕）

（『福音と世界』２０１５年5月号所収）

第2章
教会

イエスの宣教のはじめから、そこにたしかに「教会」はあった。その歴史は神の働きの歴史であり、「教会」こそ今なお終わることのない創造の業を豊かに語りつづける、生きた証そのものである。

しかしそもそも「教会」とは何だろうか。それは、建物、組織のみを意味する言葉ではない。ときに私たちは、組織としての教会の外側に「キリストのからだ」としての「教会」を見出す。あるいは逆に、自らが属する教会に真の「教会」を見出すことができなくなることもあるだろう。そこで私たちは、いつも問い直す――神が「わたしの教会を建てよ」と言われるとき、いったい私たちは何を求められているのか、と。

戦後70年間に教会が果たしたことと果たせなかったこと、それらを象徴する戦責告白、新たな取り組みの萌芽などに学び、「教会」の本質を考えたい。

「戦後七十年」と教会
――バルト＝ボンヘッファーの線に立って

佐《さ》藤《とう》司《し》郎《ろう》

1946年生まれ。東北大学文学部卒業。東京神学大学大学院修士課程修了。信濃町教会牧師をへて、東北学院大学文学部教授。著書『われは教会を信ず』（新教出版社）他、訳書『ヒトラー政権の共犯者、犠牲者、反対者』（共訳）他。

今年われわれは「戦後七十年」を迎える。いま日本の教会はどこに立ち、どこへ向かおうとしているのであろうか。この時、「戦後」をまだ見ることのなかったボンヘッファーが何を考えていたのか、また戦後世界の出発点においてバルトが何を考えていたのか、改めて思い起こすことは、この時代の日本で宣教の責任を負うわれわれすべてにとって、その立場のいかんにかかわらず、有意味であり、不可欠であるように思われる。

ボンヘッファーの罪責告白

ボンヘッファーは一九四〇年夏から一一月一三日までの間に、後に『倫理』（邦訳『現代キリスト教倫理』）に収められた断章「罪責告白」を書いた（全集の編集者によれば、『倫理』草稿成立第一期としてのこの時期に書かれたのは「キリスト・現実・善」、「形成としての倫理学」、そして断章「罪責告白」を含む「遺産と没落」である）。『倫理』がベートゲの編集によって最初に出版され、この断章が公に知られるようになったのは一九四九年だが、ボンヘッファーの罪責告白は、それを直接聞いたジョージ・ベル主教、フィセルト・ホーフトなどによって世界教会に知られており、彼らを介して戦後ドイツ教会の出発時点での罪責告白の試みにも影響を与えた。

しかしボンヘッファーの「罪責告白」は、戦争後を念頭において書かれたというようなものではない。これが記された時期は、『倫理』編集者の後記によれば、プロテスタント教会にとってナチ政権との闘いが決定的な敗北に思われた時であり、ポーランドそしてフランスにおけるヒトラーの軍事的勝利により、ナチスを拒絶することに果たして歴史的なリアリティはあるのかという問いが、ヒトラーに反対していた人々につきつけられていた時でもあったという。[1]絶頂期にあったナチ政権、「どん底」（ベートゲ）の教会闘争、そこにボンヘッファーは、キリストに背反し虚無の深淵を前にしている西欧世界の罪責と教会の罪責を見てとった。「回心（悔改め）への唯一の道は、イエス・キリストに対する罪責を認識することである」[2]。それゆえ次のように記される、「教会は、今日、キリストの恵みの力に捕らえられ、西欧世界のイエス・キリストからの背反と、自分自身の個人的な罪責とを、同じようにイエス・キリストに対する罪責として認識し、告白し、またその責任を自分に引き受ける人たちの共同体である。教会は、イエス・キリストが御自身の形をこの世界のただ中で実現される場所である。そのゆえにまた、教会だけが個人的・団体的な新生と更新の場所でありうる」[3]。ボンヘッファーにおいて、罪責の告白は、教会が教会であることと同義であった。

教会の罪責告白は、ボンヘッファーにおいて、十戒に照らしてなされるがゆえに抽象的ではありえず、具体的なものであった。「汝殺してはならない」に対して次のようにその罪責を告白する。「教会は、獣的暴力の気ままな行使、無数の罪なき者たちの肉体的・精神的な苦しみ、抑圧、憎悪、殺人を見ながら、しかも彼らのために声を上げず、急いで彼らを助けに行く道を見出そうともしなかった。教会は、最も弱い、また最も身を守るすべのないイエス・キリストの兄弟たちの生命が失われたことに対して責任がある」[4]と。この「最も弱い、また最も身を守るすべのないイエス・キリストの兄弟たち」とはユダヤ人のことであった。「彼らのために声を上げず」とは、一九三八年一一月九〜一〇日の、いわゆる帝国水晶の夜事件に告白教会の第二次暫定指導部がはっきりした態度をとらなかったこととも関係する。「罪責告白」は、これ以外にもユダヤ人迫害に言及し、「西欧諸民族の中の一民族〔ユダヤ人〕を除外して西欧を救おうとするすべての試みは、すべて失敗に終わるであろう」[5]という最後の言葉とともに、ユダヤ人の排除・殺害が、ボンヘッファーにとって、キリストから離反した西欧社会とそれに同調する教会の罪責の核心であったことを明らかにする。[6]

この断章の終わりのほうでボンヘッファーは秩序、法、平和の回復という仕方で民族のいやしのあることをくり返し語った。「この歴史内的な赦しの前提は、暴力が法となり、専横が秩序となり、戦争が平和となることによって、罪責はいやされる、ということにある。そうでない場合、つまり不正が妨げられずに支配して、常に新しい傷が造られているところでは、もちろんこのような赦しは問題にならない。そのような場合にはむしろ、不正を防ぎ、罪ある者にその罪責を認めさせることが、先ず第一に考えられなければならない」[7]。一九四〇年の秋の段階で、この「不正を防ぎ、罪ある者にその罪責を認めさせる」可能性は、どこまで、またどのようなものとして見えていたのであろうか。周知のように、ボンヘッファーはすでに、一九三三年四月に、有名な論文「ユダヤ人問題に対する教会」の中で、ナチ政権によるユダヤ人に対する不法な措置のゆえに、国家の正当性に疑問を投げかけていた。そしてそうした不法な国家に対して取りうる三つの対抗措置を記し、その三つ目に、教会会議の議をへて教会は不法な国家に対して直接的な政治的行為に出ることと書いていた。罪責告白は彼においてまた「罪責の引き受け」でもあったが、テートが示唆するように、「ユダヤ人迫害にたいして効果的に立ち向かうすべての可能な教会的手段を使い尽くした時、はじめてボンヘッファーは、抵抗への道、政治的陰謀への道を歩み出した」[8]のだとすれば、彼の「罪責告白」も、直接的な政治的行為に出ることの始まりを意味することになるのであろうか。

まだ「戦後」を見ることのできなかったボンヘッファーが歩んだのは「罪責告白」の道であった。彼によれば、教会の罪責告白に、教会の義認と更新だけでなく、西欧世界の義認と更新もかかっていた。国民の生活においては「漸進的ないやしの過程」[9]がある。戦後ドイツの教会が罪責を告白することから歩み始めたことに、たしかに世界教会を介してボンヘッファーの影響もあった。ただしかし、その歩みの最初の一歩でもあった「シュトゥットガルト罪責宣言」（一九四五年一〇月）では、ユダヤ人排斥・殺害の問題、その教会の罪責は一言も触れられておらず、ボンヘッファーの罪責告白との相違は覆うべくもなかった。

シュトゥットガルト罪責宣言とバルト

バルトもまた罪責の告白から戦後のドイツ教会は出発すべきだと考えていた。戦争の末期、一九四五年一月の「ドイツ人とわれわれ」という講演では、ドイツに対する「にもかかわらずの友情」を一方で語りつつ、ドイツの教会が新しくなるためには、戦争の罪過をどこかになすりつけるのではなくて、彼ら自身がはっきりけじめをつける、つまりその罪責を明らかにすることがなければならないと語り始めている。「シュトゥットガルト罪責宣言」にも、手紙によってニーメラーに端的な罪の告白を要求し（九月二八日）[10]、彼を通して、間接的な、しかしかなり強い影響を与えたと言ってよいであろう。

しかし成立したシュトゥットガルト罪責宣言に対して、バルトはきわめて批判的に対応せざるをえなかった。宣言がジャーナリストの手にわたり、教会がドイツの政治的集団罪責を告白したかのように報道されるやいなや、教会内外に賛否両論の激しい争論が起こった。教会内に限っても、アスムッセン、ニーメラーのそれぞれの見解発表、さらに一九四五年一一月から翌年にかけてのティーリケとエルンスト・ヴォルフとの、四六年夏のアスムッセンとバルトとの間の論争が知られる。(11)

ティーリケとE・ヴォルフの論争のきっかけはバルトであった。(12)四五年一一月のバルトの講演「ドイツ人に対して訴える」に対し、ティーリケは「チュービンゲンにおけるカール・バルト講演に関する補説」を発表した。バルトが語ったのは、前から主張していたことで、具体的で端的な反省の言葉を教会も世界も期待しており、それがいま最も必要なことだということであった。これに対してティーリケは罪責告白の必要性は承認しつつも、様々の条件をつける。たとえば罪責をいうならそれは片方だけの問題ではない、罪責告白は政治的に利用されるだけだ、と。バルトに対してはまさにパリサイ主義的な振舞いだと批判する。ティーリケは「集団罪責」という言葉も取り上げ批判しているが、バルトは彼のもとになった講演でも他でもそうしたことを主張したことはない。結局、ティーリケのいう罪責告白とは、むしろそれを真剣に受けとめているがゆえに公に口にしないということ、つまりそれをただ神の前にのみ告白し、人々の前に「鐘をならして」言い触らしたりしないということであった。これに対し、当時ゲッティンゲン大学教授であったE・ヴォルフは、そこで言われているのは、結局のところルター主義的二元論であり、それは、ドイツ人の政治的罪責を免罪するものとしてしか機能しないと、四五年一二月ティーリケに公開書簡を送り、批判する。彼によれば、バルトのいうのは、パリサイ主義的にドイツ国民を裁こうというのではない、むしろ彼にとって重要なのは「明確で一義的な罪責告白」であって、ティーリケのように罪責告白は神の前でのみなされるのだから、公共の前ではしない、もしするとすればその条件は他の側でも罪責を告白することだというのは、罪責告白否定を神学的に正当化し、この世における具体的課題からキリスト者を免れさせる扉を開くものにしかならないと述べている。それは教会闘争の時点からの対立、つまり、簡単に表現すれば、「ルター主義的二元論」対「政治的神奉仕」の立場の対立が鮮明に明らかにされた。

一九四六年六月のバルトとアスムッセンの手紙による論争では、バルトは、シュトゥットガルト罪責宣言に対する批判を、むしろ怒りを込めて明らかにしている、すなわち、テキストのよく考え抜かれた留保は見えていたが、それが、シュトゥットガルト罪責宣言発表後の教会のほぼ全面的な宣言批判の動きの中で、とうとう本音が現れてきたのだと。「すべてはただキリスト教内のことと考えられていたのです。それゆえ、少なくとも福音主義教会の指導における政治的回心〔悔改め〕の必要性の冷静な認識を真剣に考慮するというようなことはまったく問題にならなかったのです。根本的に、人はすでにシュトゥットガルトにおいて他人に対して言いたいと思っていたことに一生懸命になったのです。宣言はその死活に関わる内容において福音主義のドイツ人の大多数の者と、シュトゥットガルトの署名者との心に、今日事実存在し、かつ口にのぼる反訴の前置きとしてしか理解されなかったのです」[13]。この手紙でバルトは世界教会の友人たち、ピエール・モーリーやジョージ・ベルが喜んでくれたので、彼らの受けた宣言の良い印象を妨害したくなかったために自分のとった態度は正しくなかった、そうしたことを「後悔」しているとさえ書いている。要するに、罪責宣言は出されたけれども、真に神と人との前に誤りを告白し、全面的な転換の道を歩むことにならなかったことを痛烈に批判した。結局、こうしたバルトの立場は、翌一九四七年の兄弟評議委員会最後の罪責の告白、すなわち、イーヴァントの主導になる「ダルムシュタット宣言」（正式名「わが国民の政治的進路に向けてのドイツ福音主義教会の兄弟評議委員会の宣言」）に託されることになるが、ここでは論究しない[14]。

世界の主イエス・キリスト

われわれはこうしたバルトのシュトゥットガルト罪責宣言と、その後の教会の動きに対する批判的な関わりがどこから来るのか、確認する必要があろう。換言すれば、本稿のわれわれの問いに返って、戦後世界の始まりにおいてバルトは何を見ていたのか、何を土台として歩み始めようとしていたのかということである。それをわれわれは、世界の主キリストへの告白に見てよいのではないだろうか。戦後すぐに「かつては立派な町を形成していたボンの選帝侯居城の、今は半ば廃墟となった建物」（ブッシュ『生涯』四七六頁）でなされた有名な講義『教義学要綱』（一九四六年）の中で——先に言及したアスムッセン宛の手紙もこの講義の間に認められたものであった——、次のように語っている、「この『われらの主』という言葉を、狭く理解してはならない。すなわち、キリスト教団は、イエス・キリストにおいて自分の主を持っているが、他の集団や他の共同体は他の主を持っているのだ、という風に、理解してはならない。ただ一人の主だけがいますということ、そしてこの主は世界の主イエス・キリストであるということについて、新約聖書は、何ら疑問の余地を残していない。このことを、教団は、この世に宣べ伝えなければならない。……イエス・キリストの教団は、自分自身のために存在しているような一つの現実ではなくて、むしろそれは、一つの委託を持つことによって存在しているのだ、ということである。教団は、その知っていることを、この世に対して語らなければならない。『あなたがたの光を人々の前に輝かし……』〔マタイ五・一六〕[15]。E・ブッシュの教示するように（『生涯』四七七頁）、この講義全体の中心テーゼの一つは、ここにあるように「世界の主イエス・キリスト」への告白にあった。そこからして、シュトゥットガルトとその後の再建されたドイツ教会の歩みは、バルトにとって疑問を呈せざるをえないものに見えた。

　バルトが戦後最初の論集（『一つのスイスの声』一九四五年）の序文に記したように、教会におけるイエス・キリストの独占的支配への告白（バルメン神学宣言）がこの世におけるこの方の独占的支配への告白として継続されること、それこそが彼にとって一九三三年から四五年までの教会の闘いであったとすれば、戦後の教会の歩みもまた、イエス・キリストを教会の主として、のみならず世界の主として告白する歩みでなければならなかった。

（1）Bonhoeffer, Ethik, DBW6, S.425f.
（2）『現代キリスト教倫理』森野善右衛門訳、六七頁。
（3）同書六八頁。
（4）同書七二頁。
（5）同書七七頁。
（6）ベートゲ「ボンヘッファーにおける罪責の問題」（『ボンヘッファーの世界』所収）を参照せよ。Vgl. E. Bethge, Dietrich Bonhoeffer und die Juden, in : E. Feil / I. Tödt(Hg.), Konsequenzen, 1980.
（7）前掲書七七頁。
（8）H・E・テート『ヒトラー政権の共犯者、犠牲者、反対者』宮田光雄、山崎和明、佐藤司郎訳、五五二頁。
（9）前掲書七六頁。
（10）「……つまり《罪責告白》〔が必要なの〕ではない。しかしどうか、サタンとか悪霊とか、一般的な原罪とか、他人の罪責とか、を引き合いに出さないでほしい。必要なのは何の補足も条件もつけない、ただはっきりした次のような確言だけです、私たちは誤りを犯した、それゆえ今日の混沌がある、そして私たちドイツのキリスト者も同じくまたドイツ人であった！　と」(Karl Barth an Martin Niemöller, in : M. Greschat(Hg.), Die Schuld der Kirche, S.86.)。
（11）以下については、宮田光雄『十字架とハーケンクロイツ』第五章を参照せよ。
（12）Vgl. M. Greschat, ibid., S.156 -183.
（13）M. Greschat, ibid., S.214.
（14）武田武長「世のために存在する教会」（『世のために存在する教会』一九九五年）を参照せよ。
（15）『教義学要綱』井上良雄訳、カール・バルト著作集第十巻、一一四頁以下。

（『福音と世界』２０１５年１月号所収）

戦後70年と福音派諸教会の戦責告白

山《やま》口《ぐち》陽《よう》一《いち》

1958年生まれ。金沢大学、東京基督神学校、立教大学大学院（修士）。日本同盟基督教団徳丸町キリスト教会・日本基督教団吾妻教会牧師、東京基督神学校校長を経て、現在、東京基督教大学大学院教授（日本キリスト教史、実践神学）、神学研究科委員長、日本同盟基督教団市川福音キリスト教会牧師。

はじめに

ここでは日本福音同盟（ＪＥＡ）に参加する福音派諸教会の「戦責告白」を取り上げる。日本福音同盟は１９６８年に日本福音連盟、日本プロテスタント聖書信仰同盟、日本福音宣教師団（ＪＥＭＡ）の三団体により設立された。日本福音連盟は戦前からの歴史を有する純福音派（ホーリネス系）、日本プロテスタント聖書信仰同盟は１９６０年に設立された聖書信仰推進のための運動体、日本福音宣教師団は戦後来日した福音主義宣教団体の連合である。

1　「日本宣教百年記念聖書信仰運動大会宣言」(1)

この三団体には戦責告白のためのそれぞれの要因がある。日本福音連盟には１９４２年以降のホーリネス弾圧の経験があり、日本プロテスタント聖書信仰同盟は１９５９年の「宣教百年記念聖書信仰運動」を継承、日本福音宣教師団の宣教師の中には戦中の神社参拝に対する批判があった。ここでは「日本宣教百年記念聖書信仰運動大会宣言」に注目したい。

聖書、即ち万物の創造者であり、又人類歴史の支配者である神の誤りなき御言葉によって、我らは茲に日本の国に於ける福音宣教百年記念に当って、次の宣言をなし、来るべき宣教第二世紀の為に立てる、我らキリスト者の証しの言葉とする。
一、我らは過去百年間、キリスト者として、個人生活的にも、亦国民生活的にも、一切の偶像崇拝を廃棄すべき聖書の命令に応えることに於いて、欠けたところの多かったことを神の前に反省し、痛切なる悔改めを告白する。
二、我らは聖書によって、国家と教会が、共に神の主権の下に立つ、二種の相異なる正当な秩序であることを認め、政教分離の原則に基づき、信教自由の基本的人権を保護する現行憲法を、その点に関して聖書的と認めて支持する。
三、我らは我が国に於いて、右の政教分離の原則が無視され、信仰の自由が甚だしく圧迫された過去にかんがみ、今後国家行事の中に、宗教的要素の混入することのないように監視し、かかる過誤の排除に積極的に努力する。殊に伊勢神宮は宗教であるが故に皇室との密接なる関係、或いは国民の精神的中心、或いは先祖崇拝の美風、等の如何なる理由又は名目によっても、国家の特別待遇を受くべきでなく、又かかるものとして国民一般に強制されてはならないことを、重要なる点として強調する。
　以上の三点を貫いて、国家と教会との正しいあり方のために、我らは一つの聖書信仰によって、協力して信仰のよき戦いを戦うことを誓う。

　ここではもっぱら偶像礼拝を悔い改め、政教分離を守ることが宣言されている。その一方、1967年の「第二次大戦下における日本基督教団の責任についての告白」とは対照的に、戦争への協力やアジアの人々への謝罪のことばはない。ここに福音派の関心事が表れていると言えるが、次のような事例もある。
　のちに聖書キリスト教会を設立する尾山令仁は、1958年から翌年にかけてフィリピンへの謝罪旅行を行い、その後も日本軍が侵略した国々への謝罪訪問を続けていた。その尾山が中心となり1965年から韓国水原の堤岩教会への謝罪と会堂再建のための募金運動が行われた。堤岩教会は1919年の三・一独立運動のとき日本軍によって住民23人が会堂に閉じ込められ焼き殺された教会である。この時期の先駆的な謝罪行動は遺族会の反対を受けた。それでも1970年に教会堂と記念館の建設がなされた。尾山は1997年に北朝鮮への謝罪運動に取り組み、北朝鮮の教会に多額の支援をしている。(2) これは福音派の素朴な信仰実践であり、戦責告白という形をとらない「戦責告白」であったと言えよう。

2　1967年以降、戦後50年まで

「第二次大戦下における日本基督教団の責任についての

告白」の後、日本基督教団は「戦責告白」を巡る混乱から長い対立に突入する。福音派の諸教会は、主流派教会のこうした動きとは一線を画した。日本福音連盟の人々は、弾圧の中で「殉教」者を出した誇りと被害者意識を強く持っていた。日本プロテスタント聖書信仰同盟と日本福音宣教師団には戦後の人々が多く、総じて日本基督教団への対抗から結束を強める傾向にあり、教団の混乱を反面教師として伝道を優先し、これに邁進していた。

そのような福音派も信教の自由の問題には敏感で、1970年代の靖国神社国営化法案反対運動には各団体が靖国問題特別委員会を設けてこれに参加した。信教の自由、政教分離をめぐる闘いは、やがて「教会と国家」のテーマとして教会の自律性の課題ととらえられるようになる。この際、日本キリスト改革派教会や日本キリスト教会、日本長老教会など、改革派の神学における「抵抗権」の思想に学んでいる。80年代に入ると市民運動への参加と共に、より教会的な集会がみことばと祈りを重視して行われるようになり、神社参拝の悔い改めに基づく韓国教会との交流も盛んになった。戦後40年の1985年には、池明観氏を迎えて行われた「朝鮮の神社不参拝殉教と日本の教会――戦後40年・悔い改めと祈祷に向けてのつどい」が、福音派の人々を中心に開催された。87年には神社不参拝の出獄生き証人として孫明復牧師、88年には趙壽玉勧士、89年には姜信範牧師を迎えている。こうした営みは、「朱基徹記念の集い」に継続され、2・11ヤスクニ反対運動、8・15平和運動への参加に加えて、福音派の歴史認識の深化に寄与した。日本同盟基督教団では所属教会から戦時下の国民儀礼を記した週報が発見され、1989年に「日本同盟基督教団の戦争責任」を考えるシンポジウムが開催され、自らの教団の罪責を神の前に検証する作業が進んだ。

3　戦後50年の戦責告白

1990年の大嘗祭において天皇の偶像性が再認識され、戦後50年を迎えた1995年の前後には、福音派の諸団体から戦時下の罪責告白が相次いで出された。ワイツゼッカーの「荒野の40年」から戦後50年の村山談話に至る戦責表明の流れがあり、教界内の世代交代も悔い改めを促した。半世紀をかけて戦争責任の認識が深められた結果としてのこの時期の宣言は、次代に継承されるべきものとして貴重である。ここでは戦後の教会の告白として日本福音キリスト教会連合、戦時下に弾圧された教会の戦責告白として日本ホーリネス教団、また日本同盟基督教団のそれを中心に紹介する。(3)

①「第2次大戦における日本の教会の罪責に関する私たち

の悔い改め――戦後50年を迎えて」（１９９５年４月27日、日本福音キリスト教会連合第２回全国総会）

日本福音キリスト教会連合は、１９９２年にリーベンゼラ・キリスト教会連合、日本新約教団、単立キリスト教会連盟、北海道福音教会協議会により設立された教会連合であり、四者それぞれの沿革にさかのぼっても戦後の教会である。単立連盟には舟喜順一、井出定治など戦中派の牧師がおり、彼らに育てられた戦後の牧師たちが戦争責任や政教分離の課題を継承して学びを続けていた(4)。「悔い改め」は前文で戦後の教会が罪責を告白する理由を次のように語る。「私たち日本福音キリスト教会連合は、教会の唯一のかしらであるイエス・キリストの名のもとに日本の教会に結び合わされています。それゆえ私たちは、戦後50年を迎えるにあたり、第二次世界大戦とそれに至る過程、また今日までの歩みを省みつつ、私たち日本の教会が犯した罪責に関して、主の御前に以下のとおり告白し悔い改めます」。

「私たち日本の教会は」を主語にした「悔い改め」は、前半では「国家神道体制の下で、天皇を現人神とする偶像礼拝の罪を犯しました」と神に対する罪責を告白し、後半では「加害者である日本の国と日本の人々に対しても預言者としての役割を果たさなかったという大きな罪責を負うものです」と人に対する罪責を告白する。

前半では総論として、国民儀礼、君が代斉唱や宮城遥拝、皇紀二千六百年奉祝全国基督教信徒大会の大政翼賛宣言、国民の精神統合のための日本基督教団設立について記し、各論としては、富田満統理の伊勢神宮参拝、アジアの教会への偶像礼拝の強要、侵略した各植民地・占領地の人々への神社参拝強要における国策協力を入念に語っている。さらに、アジアの国々への侵略に追従した伝道活動、必勝祈祷会、愛国機献納献金、「日本基督教団より大東亜共栄圏に在る基督教徒に送る書翰」に言及した後、被害者を列挙する。

南京大虐殺の被害者、中国の万人坑の人たち、七三一部隊による犠牲者。強制連行による奴隷労働、従軍慰安婦、空襲・原爆・病のため異邦の地に死んでいった朝鮮・その他の国の人たち、銃剣や日本刀によって切り裂かれた占領地の老若男女、バターン「死の行進」で倒れたアメリカ軍捕虜、食料の供出と過酷な労働で殺されたインドネシアの人たち、泰緬鉄道の建設現場に倒れたタイ・ビルマ・マレーシアの「ロームシャ」とイギリス軍・オランダ軍・オーストラリア軍・アメリカ軍の捕虜、シンガポールで虐殺された数万の華僑の人たち、皇民化政策によりことばと文化を奪われ侵略者である日本のために徴兵され傷つき倒れた台湾と朝鮮の人たち、アジア全域に広がる抗日闘争での犠牲者、アジア・太平洋地域で拘束・殺害された同信の教職者・信徒・欧米の市民・宣教師たち、知らないところで戦争の犠牲となった人たち。

こうして網羅的に戦争被害者を列挙し、教会が預言者としての役割を果たさなかったこと、この事実を罪責として認めず世の主権と力に迎合する体質を持ち続けたことを自分たちの罪として悔い改め、「私たちの先祖は罪を犯しました。彼らはもういません。彼らの咎を私たちが背負いました」（哀歌5章7節）の聖句をもって締めくくっている。

戦後の教会がよくここまで網羅的に戦責告白をしたと感心すると共に、戦後の教会であったからこそできたことでもあると思われる。この年、各団体からの戦責告白がなされ、日本福音同盟第10回総会の「戦後50年にあたってJEA声明」（6月14日）から、日本福音クルセード主幹の本田弘慈「戦時中に自分が犯した罪の告白文」（6月30日）まで福音派においても戦責告白が集中的になされた。

②「日本ホーリネス教団の戦争責任に関する私たちの告白」（1997年3月20日、日本ホーリネス教団第34回総会）

戦後の教会である日本福音キリスト教会連合の罪責告白と対照的なのが日本ホーリネス教団の戦責告白である。1942年6月26日、日本基督教団第6部と9部の旧ホーリネス教会の牧師たちが全国で一斉に検挙され、追加検挙を加えると逮捕者134人、内71人が起訴され14人が執行猶予つきの懲役、車田秋次、米田豊の2人が懲役2年の実刑判決を受け、菅野鋭、斎藤保太郎、辻啓蔵、小出朋治は獄中で死亡した。

「告白」前文は言う。「ホーリネス宣教百年の年を迎えようとしている今、私たち日本ホーリネス教団は、これまでの神の導きを心から感謝し、先達の信仰の戦いに思いを寄せています。そして、私たちが私たちの教会の歴史を振返ることによってその歩みを省み、信仰の継承を目指すと共に、過去に犯した過ちをここに言い表します」。

「告白」は前半で歴史を振り返り、後半では「これからの歩み」を述べる。歴史の振り返りでは、「四重の福音」を旗印として宣教を進め、現在のアジア太平洋地域ホーリネス教会連盟に結実している旧東洋宣教会ホーリネス教会が、宗教法案や宗教団体法案による国家の宗教への介入、神社参拝の強要に対して信仰の戦いの意志を明確にもっていたことを確認する。しかし、「それにもかかわらず私たちの教会は、日本の軍国主義と、それを支えた天皇制については、それを批判することなく、むしろ支持をしました」、「そして、私たちの教会のアジア諸国への宣教は、宣教がその純粋な動機であったとは言え、その働きは日本の植民地政策に追随するものでありました」。「昭和十五年戦争下、私たちの教会は、治安維持法と宗教団体法によって不当に弾圧され、解散を余儀なくされました」と試練を乗り越えたことを記すところでも殉教者を称えることはない。むしろ悔い改めとして、教理の理解の相違から同信の友と決別したこと、日本基督教団に参加して国策に従い宮城遥拝や君が代斉唱などの国民儀礼や神社参拝を行い、戦勝祈願、皇軍慰問献金、半島人徴兵制度実施感謝式の開催などの戦争協力を告白する。とりわけ注目されるのは、天皇神格化を進める国家の圧力に屈して再臨信仰に関する教義を変更したこと、弾圧に直面した時も自分たちの信仰が治安維持法に問われていることに気づかなかったのは天皇を崇敬する愛国者を自負していたためで、治安維持法のいう「国体の否定」に抵触するとは思わず「キリスト教信仰の中に天皇制を受け入れていた」としていることである。「拘禁された牧師たちの中には、裁判のために、それまでのキリスト教信仰を清算し、祖先崇拝などをして日本人として生きると言う者たちや、神社参拝に積極的な姿勢を示す者たちもいました」、「かつて分かれた同信の友の再臨信仰との違いを強調し、自らの身を守ろうとしました」と踏み込むところは痛切である。「告白」はさらに、戦後の同教団の体質にまで及んでいる。

後半の「これからの歩み」では、「戦時下の教会を過ちに陥らせた天皇制の圧力は、今も姿を変えつつも存続しており、戦時下の教会が問われた信仰告白に生きることは、まさに今の私たちの課題であります」とした後、広範囲に課題をとらえて言う。「今日では経済力による侵攻や民族の蔑視、責任の回避など、私たちは日本人として、このような国家の過ちについて連帯の責任を負うものです」、「私たちは日本人としての連帯責任を負うことによって、私たちの教会の信仰の問題を曖昧にはしません」。

「告白」は、神社参拝や天皇崇拝などの偶像礼拝に墜ちてしまった罪を悔い改め、アジア諸国への宣教が日本の侵略戦争に追随するものであったこと、さまざまな戦争協力を行ってきたことをアジア諸国の人々とその教会に謝罪し、弾圧時の裁判の中で同信の友を切り捨てるような発言をしたことへの謝罪に及び、「ネヘミヤ（ネヘミヤ記1章4―11節）やダニエル（ダニエル書9章1―11節）の祈りに学びつつ、悔い改めと信仰をもって立ち上がる覚悟でおります」と結んでいる。

③日本同盟基督教団「日本同盟基督教団宣教１０５周年記念大会　21世紀の日本とアジアと世界に仕えるために――横浜宣言」（１９９６年11月19日）

日本同盟基督教団は、１８９１年にスカンヂナビアン・アライアンス・ミッションによって伝道が開始され、戦前は日本同盟基督協会として歩み日本基督教団第8部に参加、戦後は約半数の7教会が日本基督教団から独立し、ＴＥＡＭ宣教団などとの協力により教会形成を行ってきた。先述のように戦中の教会の週報の発見から「戦争責任フォーラム」を行い、1991年の「宣教100周年記念宣言」、1994年の「飛騨キリスト教100年記念大会――明日の宣教のために」、1996年には「『戦後50年・日本宣教と教会の罪責問題』に関する靖国委員会の見解」と声明を重ね、1996年に「日本同盟基督教団宣教105周年記念大会　21世紀の日本とアジアと世界に仕えるために」を発表する。

「かえりみて、戦時下、特に『昭和15年戦争（1931―1945年）』の間、私たちの教団は、天皇を現人神とする国家神道を偶像問題として拒否できず、かえって国民儀礼として受け入れ、『あなたには、わたしのほかに、ほかの神々があってはならない』・『あなたは、自分のために、偶像を造ってはならない。それらを拝んではならない。それらに仕えてはならない』との十戒の第一戒と第二戒を守り抜くことができませんでした。さらに近隣諸国の諸教会と積極的に平和をつくり出す者として生きることができず、国家が推進した植民地支配や侵略戦争に加担し、アジア地域の侵略に協力しました。こうして神と隣人の前に、とりわけアジアの人々に、偶像礼拝の強要と侵略の罪を犯し、しかも戦後、この事実に気付かず、悔い改めに至ることもなく、無自覚なままその大半を過ごしました。

近代日本の100年余の歴史に重なる私たちの教団の歴史をかえりみ、私たち教職・信徒は、『信仰と生活の唯一絶対の規範』である神のみことばに、十分聞き従い続けることができなかったことを主のみ前に告白し、悔い改め、神と隣人とに心から赦しをこい求めます。私たちは、今、あらためて、堅く聖書信仰の原理に立ち、聖霊の助けにより、福音にふさわしい内実を伴ったキリストの教会へと変革されることを心から願います」。

おわりに――それからの20年

戦後50年の戦責告白はその後どうなったであろうか。この20年、歴史修正主義が広がり、99年の国旗国歌法、周辺事態法、2006年の教育基本法改正、そして戦後70年目の今年、安倍政権による集団的自衛権行使容認の安全保障法案がすでに衆議院を通過し、参議院での審議が始まっている。「教会と国家」の状況は悪化している。そのような中で、ホーリネス教団では「告白」のあと「福音による和解委員会」が設置され、戦責告白に基づく和解と体質改善に努めており、その成果は『和解を紡いだ12年――「戦争責任告白」からの歩み【資料集】』（2009年）にまとめられた。[5]日本同盟基督教団も横浜宣言に基づく教団の運営を行い、靖国問題委員会を「教会と国家」委員会に改称して働きの幅を広げている。日本福音キリスト教会連合は連合という性格上、団体としての宣言は多くはないが着実な学習の取り組みを継続している。戦後50年の告白を生きる戦後70年でありたいと思う。

（１）宇田進『福音主義キリスト教と福音派』（いのちのことば社、１９９３年）。

（２）「座談会 堤岩里事件の今日的意味」『三・一独立運動と堤岩里事件』（日本基督教団出版局、１９８９年）。中村敏『日本プロテスタント海外宣教史――乗松雅休から現在まで』（新教出版社、２０１１年）。

（３）「日本ホーリネス教団の戦争責任に関する私たちの告白」と「日本同盟基督教団一〇五周年記念大会――横浜宣言」は、日本キリスト教協議会靖国神社問題委員会『信教の自由を求める叫び――靖国・天皇制問題等声明集（１９６８年～２０１０年）』（日本キリスト教協議会、２０１０年）に収録。

（４）後藤敏夫『教会と国家』（単立教会連盟、１９８２年）、リーベンゼラの井戸垣彰『信教の自由と日本の教会』（いのちのことば社、１９８３年）。日本福音キリスト教会連合設立前の１９８６年からリーベンゼラ、新約、単立連盟三者による「信教の自由を守る日」集会が行われ、現在も継続されている。

（５）日本ホーリネス教団東京聖書学院内には、１９８９年に東京ミッション研究所が設けられ、天皇制や平和学に関する研究が続けられている。１９９２年からホーリネス弾圧同志会（日本ホーリネス教団、ウェスレアン・ホーリネス教団、基督兄弟団、基督聖協団）による「ホーリネス弾圧記念集会」が行われ、現在も継続されている。

（『福音と世界』２０１５年９月号所収）

罪責を告白する教会となるために

――関東教区「日本基督教団罪責告白」成立経緯

秋山《あきやま》徹《とおる》

1943年生まれ。東京神学大学修士課程修了、米国・ウエスタン神学大学大学院修了。日本基督教団上尾合同教会牧師。関東教区議長。訳書にカルヴァン著、ヘッセリンク編・解説『祈りについて――神との対話』(共訳)、ヘッセリンク著『神の主権的恵みと人間の自由』他。

はじめに

日本基督教団関東教区では、2013年5月に行われた第63回教区総会において、関東教区「日本基督教団罪責告白文」を教区として告白することを決議しました。これは、主として、1941年の日本基督教団の成立前後、戦時下、敗戦後の教団再編時の歴史検証を通して、キリストを主と告白する教会の大いなる逸脱と背反の事実を確認し、この罪責を神の前に告白し、教会が立ち返るべきところを明らかにしたものです。この決議に至るまでには、多くの議論と10年余の特設委員会、罪責告白作成検討委員会による歴史検証などがあり、そのプロセスを経てこの告白文の形成に至ったものですが、一教区がこのような教団全体の罪責を明らかにし、告白することはいささか奇異な感じがしないでもありません。この小文では、どのような経緯でこの罪責告白が作成されたのか、告白の内容と罪責告白を必然とする事態を示して、わたしたちの教団が取り組まなければならない課題があることを明らかにしたいと思います。はじめに、この告白文の全文を示して、どのような内容のものかを見ていただくことにします。

関東教区「日本基督教団罪責告白」

わたしたちの日本基督教団は、第二次大戦下の1941年6月、「宗教団体法」のもとに、30余派の福音主義教会の合同によって成立し、今日に至っています。教会合同は、早くからの日本の教会の願いでしたが、この合同は、当時の国家の宗教統制によるものであり、教会的な祈りと決断によるものではありませんでした。それによって、組織としての教会は保たれましたが、教団は、天皇を中心とする国家に奉仕する教会となり、神ならぬものを神とし、戦争に協力する数々の過ちを犯しました。

戦後、教団は、まず主なる神の前に悔い改めて、新たな出発をすべきでしたが、戦後復興の道を急ぐあまり、過去の清算がなおざりにされました。戦後22年を経た１９６７年３月、教団は「第二次大戦下における日本基督教団の責任についての告白」を、鈴木正久議長の名で公にしました。この「戦責告白」は、アジアの諸教会との和解の道を開き、敗戦によって分断された沖縄キリスト教団との合同の契機となりました。しかし、教団の罪責は、戦争責任だけではなく、教会のあり方全般に関わるものであり、なによりも主なる神の御前に、主体をかけて懺悔告白しなければならないものです。わたしたちは、日本基督教団に属する「肢」として、教団の犯した罪を、主なる神の御前に心から懺悔告白し、共に、明日の教区・教団の形成のために祈り努めたいと願います。

(1)わたしたちは、聖書に証しされた唯一の神を信じ、イエスを主と告白する信仰に立ちながら天皇を神とする国家体制を容認し、天皇を拝し、神社参拝をするなどの過ちを犯しました。ことに、神にのみ献げるべき礼拝において、君が代斉唱、宮城遥拝などを「国民儀礼」として取り入れ、これらの「偶像礼拝」を朝鮮・韓国・台湾・中国等、アジアの諸教会及び在日のアジアの隣人に対しても強要する罪を犯しました。

(2)わたしたちは、天に国籍を持つ「神の民」であるにもかかわらず、天皇制国家の臣民であることを誇りとし、主の御心に従うより、天皇の意思に従うことを優先させました。その結果、天皇中心の国家主義をアジアにまで広げようとする国策を、「神の国」の実現であるかのようにみなし、植民地支配に協力する罪を犯しました。

(3)わたしたちは、聖書を通して、人の命の尊さ、隣人を愛することの大切さを教えられながら、「敵」を憎み、皇軍の勝利のために祈り、軍用機の献納など、戦争に協力しました。また、多くの若者を戦地に送り出し、占領地に教師を派遣し、軍部への協力を呼びかけました。あの戦争で流された多くの血の責任は、わたしたちにもあることを懺悔告白します。

(4)「教会はキリストの体であり、一人一人はその部分です」。わたしたちは、同じ教団に属する旧６部・９部の教会が、国家から弾圧を受けたとき、これを見放して、教師職を剥奪し、教会の解散処分を黙認しました。また戦後24年間かつて教団の一部であった沖縄の教会を、米軍統治のまま放置し続けました。１９６９年、教団は沖縄キリスト教団と合同しましたが、沖縄戦の傷跡と米軍基地のもとで呻く沖縄の人々の苦しみを真摯に受け止めることができませんでした。同じ「主の体」に属する一つの部分の痛みに対して無感覚なわたしたちの罪を懺悔します。

わたしたちが、主なる神と隣人に対して犯した罪は、計り知れません。主よ、どうかわたしたちの犯した罪をお赦しください。わたしたちの愛する日本基督教団が、再び同じ過ちを犯すことがありませんように。わたしたちが、常に主の御言葉に聴き従い、「地の塩」「世の光」として、この国と世界に対する使命と責任を果たしていくことができますように。わたしたちが、主にあって一つとなり、共にこの世に和解と平和を生み出す働きができますように。主よ、わたしたちを助け導いてください。

アーメン。

関東教区「日本基督教団罪責告白」ができるまで

この罪責告白は、1999年第49回関東教区総会において日本基督教団の罪責を明確にするために歴史検証に取り組むことを決意し、「日本基督教団罪責告白検討特設委員会」を設置し、この委員会での検証作業によって結実したものです。その発端は、当時教団総会で大きな課題となっていた「日本基督教団と沖縄キリスト教団の合同のとらえなおしと実質化」の議論のなかで、それまで毎年沖縄訪問を繰り返し、現地研修を行って沖縄の教会と沖縄の状況に深い関心を寄せてきた関東教区として、合同の議定書前文の「裂け目を克服する」道を考えるとき、そもそも日本基督教団の合同そのものから問い直し、その根本にある問題を明らかにすべきではないかとの考えが出てきたことです。そこで、成立以来の教団の罪責が負の遺産として残されているとの認識に立って、日本基督教団の罪責を明確にするための歴史検証に取り組む特設委員会設置を決意するに至りました。この委員会では、さまざまな角度から教団成立時、戦時下の国家統制の下での教会の状況、当時植民地化していた韓国や台湾をはじめアジア各国の教会とのかかわりなど、テーマを設けて委員が発題し、それに基づいて議論を重ね、教団の罪責として告白すべき事実や、その背景などを検証し、摘出し、文章化してゆく作業を3期5年にわたって続けてきました。そこで発表された文章は、総会期ごとに「教団歴史検証報告書」として教区総会議員に配布され、その内容を明らかにしてきました。この特設委員会での歴史検証の基本姿勢として、「教団史資料集」などから教団として公にされた文書や、できるだけ伝聞資料ではなく一次資料、原資料から検証し、その間に決議され公表された教団の文書の中に表れている罪責を明らかにして、今日の教会において告白するようにしたものです。これらの文章をまとめたものが、２００６年5月に発行された資料集『罪責を告白する教会——真の合同教会を目ざして』で、２７４ページからなる冊子です。

この冊子の目次を一覧すると、罪責検討特設委員会で取り上げた内容のおおよそを知ることができます。日本基督教団の罪責を検証する作業は10名前後の教区内の現職の牧師・信徒によって構成された委員によってなされ、その中心メンバーは大きくは変わりませんが、年度ごとに新しい委員や若い委員などの参加によって異動があります。委員は歴史の専門家ではないため、資料の収集や扱いなどについて厳密さが欠けるところはあると思いますが、できるかぎり原資料に即して具体的な教団の罪責として告白すべき事実を突き止めるようにとの方針で作業が続けられました。最初の段階では、教会が罪責を告白するということはどういうことか、信仰の告白と罪責の告白の違い、聖書のみ言葉や基本信条、さらに福音主義諸信条に照らしてなされた第二次世界大戦後のドイツの「バルメン宣言」「シュトゥットガルト罪責宣言」などについての学びからはじめ、そこから、教団合同の成立状況やそこで公にされた教団規則、「信仰問答（稿）」、日本基督教団の海外活動などが検証の対象になりました。すでによく知られていることですが、日本基督教団は、30余派のプロテスタントのキリスト教会が合同して１９４１年に成立しました。この当時は宗教団体法や治安維持法を通して宗教団体に対して国家の強い統制があり、そのような状況下で合同が行われました。しかし委員会では国家の弾圧や強制の側面だけでなく、教会の内側からその強制に協力、ないし屈していった教会のあり方を主として問うています。日本基督教団の教憲の前文には、「くすしき摂理のもとに御霊のたもう一致によって、おのおのその歴史的特質を生かしつつ聖なる公同の教会の交わりに入るにいたった」と記されていますが、合同にいたる詳細の経過を見ると、本来の教会合同において検討すべき各教派の教義や教会制度についての十分な合意はなく、数々の矛盾を含んでおり、体制に従わない教派に対しては強制と切り捨てが行われています。また成立時に制定された「教団規則」の中に盛られた「教義の大要」や「生活綱領」、それをさらに展開した「日本基督教団・信仰問答（稿）」に表された信仰は、明らかにキリスト教の信仰とは異質のものです。主イエス・キリストの贖いを通して表わされた父・子・聖霊なる三位一体の神を信じる信仰ではなく、教団の本義は、「皇国の道に則りて、基督教立教の本義に基づき、国民を教化し、もって皇運を扶翼したてまつるにある」として、天皇を神として称え服従する信仰内容になっています。神ならぬものを神とする偶像礼拝の明らかな罪に加えて、何よりもキリスト論の崩れがあることを指摘しなければなりません（この稿の詳しい神学的検証については、『罪責を告白する教会』の拙稿「日本基督教団規則と『信仰問答（稿）』における罪責の問題」をぜひお読みください）。戦時下のものとはいえ、わたしたちはこのような信仰を公にした教会の伝統を、未処理のままに引き継いでいるのです。また教団は成立後、日本の支配下にあったアジアの国々のキリスト教会にも働きかけ、中国の東北地方に満州伝道会（東亜伝道会に改名）、台湾に日本基督教台湾教団、韓国・朝鮮に日本基督教朝鮮長老教団などを多くの反対を押し切って成立させ、「大東亜共栄圏」と称してそれらの国々の教会を「皇国の民」とするための国家の政策に協力し、神社参拝、宮城遙拝など、偶像礼拝を推進する働きを積極的に担いました。また、戦後処理においても多くの問題を残しています。これらの教団としての行動と言葉の検証を項目にしたがって行ったものが、それぞれの論文に記述され、罪責として明らかにすべきことの輪郭が顕わにされています。

次の段階では、戦時下の宗教団体法がどのようなものであったかの学びや、当時盛んに語られた「日本的キリスト教」についての検証、戦後のＧＨＱによる占領政策によってキリスト教会の罪責が見過ごしにされたことなどを取り上げて、明らかにキリスト教の信仰とは異質の、大きな逸脱と背反が行われ、時の流れによってそれらの事実が忘れ去られてゆくことの背景にある日本人的なものへの反省に焦点が当てられています。

第３期には旧６部・９部のホーリネス教会への弾圧やそれに対する教団の態度、戦後の教派離脱の問題、沖縄キリスト教会の形成、戦後の合同教会として再出発した教団の状況などの検証に進んでいます。戦後「一億総懺悔」という形で、キリスト者の賀川豊彦らによって日本の社会に敗戦の中から立ち上がるための促しはありましたが、この懺悔は、敗戦にいたって天皇に対して申し訳ないという意味の懺悔で、主なる神に対して犯した罪を認識し、告白し、悔い改めるものではありませんでした。戦後、新しい教団規則が制定され、かつての規則にあった皇国の道に従うなどを記した「教義の大要」などは省かれましたが、そのとき、主の御前で罪を告白し悔い改めをした上でそのようにした事実はありません。また、かつて、朝鮮、台湾、中国などで日本基督教団のもとにあった教会には何の言及もなく、除かれています。「九州教区沖縄支教区」の存在も消えているのです。戦後まもなく、教団の傘下にあった教派の内いくつかの教派は離脱し、それぞれの教派の独自性を回復する運動が続きましたが、教団も教憲・教規の改定、信仰告白の制定と、合同教会としての体制を整える働きは続きます。しかし教団成立や戦時下の戦争協力などにおいて犯した罪を明確に認識し告白する姿勢はうかがえません。敗戦直後、連合軍司令官マッカーサーによるＧＨＱ

の支配のもとで、「キリスト教ブーム」と呼ばれるような事態があり、どっと教会に押し寄せた人に対する伝道に夢中になって、うやむやになってしまったところもあります。戦時下にしても戦後にしても、時の勢いに流されているだけの様子がうかがえます。１９６７年に当時の教団総会議長鈴木正久牧師の名において出された「第二次大戦下における日本基督教団の責任についての告白」（戦責告白）は、戦時下での教団の罪を明らかにし、告白するものでした。この告白は、主としてアジア諸国の教会に対して犯した罪への赦しを求める手紙で、この「戦責告白」が嚆矢となって、他の教派やキリスト教学校にも大きなインパクトを与え、日本の戦争責任の自覚を促したことは確かですが、未だ「日本基督教団の罪責告白」には至っていません。そのために、さらに歴史的事実に立った罪責の告白をし、その視座から日本基督教団の教会を形成してゆくことが望まれます。さらに第４期では、１９６７年のいわゆる「戦責告白」と関東教区で取り組んでいる「罪責告白」との関係などについての議論、また戦時下の日曜学校教育のあり方、在日大韓教会の歩みなどの検証がなされています。もちろん、すべての罪責が検証され告白されているわけではありません。

先に示した告白文は、最初は「主の祈り」の８つの祈りにあわせて、罪の告白をするリタニーと、これを平文の形にしたものの２つが発表されましたが、その後、改訂の過程でできるだけ簡潔にわかりやすい用語にしたいとの要望があり、現在の形のものと、これをリタニーの形にしたものとになっています。各教会や教区・地区などの集会の折、特に「平和主日」や「創立記念日礼拝」などの機会に、この式文を用いて礼拝することが勧められています。また、２０１４年5月には『罪責を告白する教会』の増補改訂版を出版し、これには、関東教区総会決議文やリタニー、関東教区「日本基督教団罪責告白」Ｑ＆Ａ、用語解説や使用ガイドなども加え、さらに韓国語に翻訳された告白文も載せています（『罪責を告白する教会』増補改訂版は、関東教区事務所に申し込んでいただければお送りします〔送料込・２０００円〕）。関東教区ではここ15年来、韓国基督教長老会（ＰＲＯＫ）の京畿中部老会との交流を続けており、毎年の訪問、歓迎を行っています。２０１４年の訪問の際にはこの告白文を韓国語で公にする集会を持ちました。韓国のキリスト者も大きな感動とともにこの告白を聞いてくださり、礼拝をともにしました。

おわりに

わたしたちは、今、自らが立っている教団がくすしき摂理のもとに生まれたことを否定するものではありませんが、ただそのように大まとめにしてしまうだけでは済まされない事実があることは明らかです。すでに多くの研究者によって教団合同の経緯や戦前戦後の教会の歴史についてのさらに詳しい検証が行われており、この作業は深められてゆかなければならないと思いますが、わたしたちは、これを単に歴史研究としてではなく、教会の罪責の告白として共同の告白の形にし、未処理の罪責について主の前に告白し、その事実を通して教会の現在と将来のあり方を考えることが大切だと考えました。それは、わたしたちの教団を真にキリストの教会にふさわしいものとして整えるために欠くことができない営みだと考えます。わたし自身もこの検証作業にははじめから加わり、ともに学ばせていただきましたが、さまざまな罪責を告白すべき歴史的な事実と向き合うことによって自分自身の信仰のあり方について深く問われるところがありました。国家や社会が神に背き、自らを神のごときものとして礼拝を強要するとき、その中に生きているキリスト者はどのように神の前に信仰を貫くことができるか――これが社会の中で圧倒的な少数者として生きていた戦時下の日本のキリスト者一人一人に突きつけられた問いでした。当時教団の中枢にいた一人の牧師は、次のように言っています。「もし教団にして戦争のことに関心をもたず、第三者的態度を取ったとするか、当時の国情の元においては、教団の認可は取り消され、ひいては教会や信徒の結合は破れ、信仰はみだれ、キリスト教は収拾のつかない状態に陥る恐れのあることは火を見るよりも明らかであった。ここにおいて教団当局として隠忍自重、国家との協力を測らざるを得なかったのである」（友井禎「教団成立の事情」）。これは率直な感想ですが、キリストの教会はそのような言い訳で済むのでしょうか。

キリスト者には歴史から学ぶだけでなく、創造者なる神、贖い主である主イエス・キリスト、助け主なる聖霊に導かれ、御言葉に照らされて、主の前に罪を悔い改めることができる恵みが与えられています。そこに立ち返り、赦しの恵みにあずかることによって神と隣人と和解し、自由にされ、世にある教会として新しく生きることができます。教団の罪責を検証し告白する営みは、まさにそのようなキリスト者と教会の悔い改めの恵みにあずかる営みにほかなりません。戦前と同じ道を歩み始めている現今の日本の政治状況の中で、「時は満ちた。神の国は近づいた。悔い改めて福音を信じなさい」との主イエスの御声が響きわたる中での営みが、関東教区だけでなく教団全体に広がってゆくことは、キリスト教会の信仰が生きている健全な姿を示すことではないでしょうか。

（『福音と世界』２０１５年９月号所収）

「沖縄戦」後七〇年と沖縄の教会

村《むら》椿《つばき》嘉《よし》信《のぶ》

1952年生まれ。東京神学大学大学院修士課程修了。ドイツのヴッパタール神学大学に留学。1983年より、沖縄の教会、伝道所の牧師、ドイツの日本語教会の牧師等をへて、現在は「ぎのわん日曜集会」代表。訳書『従順という心の病い』（A・グリューン著、ヨベル）、『主のよき力に守られて――ボンヘッファー一日一章』（新教出版社）他。

「沖縄戦」から七〇年目に当たる沖縄

今年（二〇一五年）は、「沖縄戦」から数えて、七〇年目に当たる（以下の文章は、二〇一五年九月末の時点で書かれたものである）。沖縄でも、地元のマスコミなどで「戦後七〇年」という言葉が使われている。しかしこの言葉は、一九四五年八月十五日から始まる日本のいわゆる「戦後七〇年」とは、大きく異なる。

沖縄のできごとが、日本史とどこかで密接につながっていることは間違いのないことだが、両者の「七〇年の歴史」が、出発点から異なるものだという認識がないと、私たちは真実を見失ってしまう。ここでは、沖縄における「戦後七〇年」を論じつつ、沖縄の教会の歩みについて考えてみたい。

「沖縄戦」から七〇年を経た沖縄と日本の関係

今年、沖縄と日本の関係を改めて考えさせる一連のできごとがあった。

去る九月十四日に、翁長雄志沖縄県知事は、記者会見で、名護市辺野古沖に計画されている米軍海兵隊の新基地建設に関し、前知事が出した埋め立て承認の取り消しを正式に表明した。翁長知事は沖縄防衛局に対し「意見聴取」のための手続きに入ったが、菅義偉官房長官は十八日の閣議後会見で、名護市辺野古の新基地建設に伴う埋め立てについて、「承認に瑕疵はないし、あらためて意見聴取に応じる必要はない」と述べた。

国側は、今後の対抗措置として、①行政不服審査法に基づく取り消しの執行停止の申し立てと審査請求、②地方自治法に基づく代執行、③取り消し訴訟——の三つのケースのいずれかをとるものと予想される（二〇一五年九月末現在）。

ところで日本政府は、新基地建設について沖縄県と協議するために、八月十二日から九月七日まで、計五回にわたる「集中協議」を開催し、その期間中、辺野古沖での海上での作業を中止したが、協議は決裂し、九月十二日から作業を再開した。政府が「集中協議」を提案したのは、①政府が法廷において沖縄県と争いに入る時期を遅らせ、その間に安全保障関連法案を成立させようとしたため、つまり時間稼ぎのため、また②沖縄とこれだけ協議を重ねたと国内世論を操作するためであったと考えられる。実際に、ある防衛省幹部は、沖縄タイムスの記者に「沖縄に向き合っているポーズを国民に伝えたかっただけ。辺野古で譲歩？はなからあり得ない」と語ったという（『沖縄タイムス』九月十六日付け）。

集中協議の第一回会合は、八月十二日に、沖縄県庁で、菅官房長官と翁長知事が会談するというかたちで行われた。その協議開始直前に、沖縄本島東海上で、嘉手納基地所属の米陸軍のＵＨ60型ヘリコプターが墜落するという事故が起きた。事故機は、午後一時四十五分ごろ、うるま市伊計島の南東約十四キロの沖合で、米海軍の輸送艦「レッド・クラウド」への着艦に失敗し、輸送艦上に墜落した。その後の防衛省の発表によると、尾翼部分が折れるなど機体が損傷し、乗員十七人が救助されたという。事故機には、二人の陸上自衛隊員が搭乗していた。また墜落現場となった輸送艦にも八人の自衛隊員がいた。自衛隊の十人は、中央即応集団「特殊作戦群」に所属し、米陸軍特殊部隊と共同訓練をしていたということだが、その実態は明らかにされていない。

事故の報道を聞いて、県民の多くは、十一年前の二〇〇四年八月十三日に、普天間飛行場の米海兵隊所属のＣＨ53Ｄ型大型輸送ヘリコプターが、宜野湾市の沖縄国際大学本館前に墜落し、炎上したことを思い起こしたであろう。その時と同様に、今回も事故そのものが、米軍から即時に伝えられず、詳細についてもほとんど明らかにされていない。県のまとめによると、一九七二年の日本への「復帰」後、県内で、四六件の米軍機墜落事故が起きているが、統計上は、普天間飛行場の海兵隊ヘリコプターだけが特に危険ということではない。

沖縄国際大学本館前では、十一年前に事故が起きた十三日に、大学主催の集会が開かれたが、普天間飛行場が辺野古沖に移設されても、米軍関係の事故が減少するという保証はない。沖縄県民は、常に、危険と隣り合わせで生活している。翁長知事は、事故直後の菅官房長官との面談で、「基地のそばに住んでいる人には、大変なことがございます」と述べたそうだが、航空機事故についての情報収集に追われている県庁内で、菅官房長官は、何を考えたのだろうか。

集中協議の第五回会合は、九月七日に、東京の首相官邸で開かれた。この日の会合には、政府側から安倍晋三首相、菅氏、岸田文雄外相、中谷元防衛相、山口俊一沖縄担当相、県側から翁長知事、安慶田光男副知事が参加した。計五回にわたる会合の中で、辺野古沖の新基地建設に関して、政府から新たな提案が示されることは何もなかったと報道されている。また翁長知事の表明や県民の思いに、理解を示すような発言もなかったという。

沖縄タイムスは、第五回目の最後の会合での、翁長知事と菅官房長官とのやりとりを次のように伝えている。

「『辺野古は再開ですか？』

九月七日午後五時。首相官邸三階の会議室。翁長雄志知事は意を決し、菅義偉官房長官に尋ねた。……

『そうさせていただきます』。

菅氏は、明確に答えた。

しばしの沈黙の後、知事が口を開いた。

『お互い、今日まで、別々に生きてきたんですね。七〇年間』。沖縄戦以降の歴史的経緯を訴えてきた知事。戦後生まれの官房長官。溝は埋まらなかった。

〈聞く耳をもたないのか。感受性が鈍いのか〉。

知事は、ほぞをかむ思いで部屋を出た。

目の前にあるエントランスで、記者団が待ち受けている。〈埋め立て承認を取り消さざるを得ない〉――。歩を進めながら、静かに決意した。

一方の菅氏も、にがにがしい思いを抱いていた。

知事が取り消しを表明した直後の十四日午前十一時すぎ、記者会見で受けとめを聞かれ、こう話した。

『（知事の主張は）原点は戦後の強制接収だと。そこから一歩も出てこなかった』

どこまでも平行線が続く協議に、いら立ちを募らせていたことを暴露した」（以上、九月十五日付け『沖縄タイムス』。なおこの文章は、記者の思い入れが強く感じられるが、翁長知事に張り付いている記者が書いた署名記事であり、知事の意向をよく代弁しているとも言える）。

沖縄戦以降の沖縄の「戦後」について、日本政府に対し、今までも繰り返し訴えてきた翁長知事と、日本の「戦後」を生きてきた菅官房長官の間の歴史認識の違いは大きく、「今日まで、別々に生きてきたんですね」という知事の言葉に、共感を覚える沖縄の人たちは、私の周辺にもたくさんいる。

同じ「戦後七〇年」という言葉で表現されているものにこのような違いがあること、沖縄の「民意」は、日本の「民意」とは歴史的前提が異なること、それゆえ同じ「反戦平和」という言葉を使っても、そのように表現する人々の体験が、日本と沖縄では異なることを知らなければ、対話そのものが成り立たない。

翁長知事が政府との会合の中でたびたび述べているように、現在、米海兵隊のヘリコプター基地（現在は、オスプレイ基地）となっている普天間飛行場は、沖縄県民や地域の地主が日本政府や米軍に提供した土地では決してない。米軍が沖縄戦の戦中・戦後に、地域住民を収容所に入れ、強制接収したものである。米軍は、ブルドーザーを駆使して民家や畑をなぎ倒し、飛行場を建設して、フェンスで囲んだ。住民は、収容所から解放され、かつて暮らしていた地域に戻ろうとしたが、銃剣で威嚇され、戻ることはできず、フェンスの外側に居住するようになった。このことは戦前の宜野湾村に住んでいた人たちにとっては、否定しようのない事実である。

沖縄では、今日でも「戦後は、まだ終わっていない」と繰り返し語られるが、これは「戦後」の社会の雰囲気がまだ残っているというような感情的な次元での発言ではない。「沖縄戦」後、米軍が沖縄を直接占領し、土地を強制収用し、沖縄の人たちの自治を奪ってつくられた状況、そしてそのことにより沖縄の人たちが不利益をこうむるという状況が、七〇年たった今も続いていることを表現したものである。しかも、沖縄はその状況からの改善を求め、日本に「復帰」したはずなのに、変わらないどころか、日本にあった米軍基地が沖縄に移設され、さらに過重な負担を負うことになった事実を踏まえたものである。「復帰」という日本政府の無責任な政策により、米軍が、沖縄戦以降今日に至るまで一貫して、沖縄を「占領地」扱いし続け、「復帰」後、さらに自衛隊までが沖縄に駐留することになり、他者の存在によって沖縄が翻弄され続けているということを忘れてはならない。

米軍は、思いのままに沖縄に新しい軍事基地を建設し続けてきた。そしてみずからが引き起こした事件や事故の詳細を明らかにしない。しかも米軍人や軍属が沖縄で引き起こした事件や事故に関して、被害者への補償をしない。沖縄の中に米軍基地があるのではなく、米軍基地の中に沖縄が存在するかのような状態が続いている。そして今また、辺野古の海を強制収用し、新しい軍事基地を建設しようとしている。このように沖縄の「戦後」は、終わっていない。もし辺野古沖に新しく米軍基地が建設されれば、「戦後」の終わりは、ますます遠のくことになるだろう。

沖縄戦の戦後はいつからはじまったか

日本では、八月十五日に、「玉音放送」、つまり昭和天皇による「終戦の詔書」（大東亜戦争終結ノ詔書、戦争終結ニ関スル詔書）がラジオで流され、その時が「終戦の日」と言われている。その放送を聞いて、即時に「終戦」を理解した人も、天皇制国家の終焉に納得できず、さらに戦おうとした人もいたが、次第に八月十五日を「終戦の日」と合意するようになった。ところが沖縄では、「玉音放送」を聞いたという人はわずかで、すでに米軍の収容所での生活が始まっていたし、戦闘は事実上、終わっていた。また沖縄では、それから二十七年にわたって米軍統治下に置かれたこともあって、八月十五日を「終戦の日」と位置づけることはなかった。

現在、沖縄で、いわゆる「終戦の日」として覚えられているのは、六月二十三日の「慰霊の日」である。この日は、第三十二軍の牛島満中将の自決により、日本軍の組織的戦闘が終わったと言われる日である。だが牛島中将が自決したのは、六月二十二日の深夜、あるいは二十三日の早朝と言われており、はっきりしない（別の説もある）。また牛島中将は、六月十八日に「生きて虜囚の辱めを受くることなく、悠久の大義に生くべし」という最後の軍命を発した。この軍命は、たとえ日本軍が組織的に壊滅しても、その時をもって「戦闘終結の日」とすべきではなく、最後の一兵が死ぬまで戦闘を継続すべきだという内容である。したがって、牛島中将の自決の日を「終戦の日」とするのは、矛盾している。いずれにせよ、沖縄戦の実態を考慮するなら、すでに多くの民間人の戦死者がいたにもかかわらず戦闘のさらなる「継続」を呼びかけた牛島中将が自決した日や、沖縄の住民を除く日本国民のみの生命と財産を守ろうとして戦争の「終結」を呼びかけた日を、沖縄戦が終わった日と見なすことはできない。

日本の降伏については、九月二日に、東京湾上のミズリー艦上で、日本を代表して重光葵外相、梅津美治郎参謀総長、連合国を代表して連合国最高司令官のマッカーサーが、「降伏文書」に署名した。この日こそが日本の「敗北の日」と言えるかもしれない。沖縄においては、九月七日に、南西諸島の全日本軍を代表して宮古島から第二十八師団の納見敏郎中将、奄美大島から高田利貞陸軍少将、加藤唯男海軍少将、米軍を代表してスティルウェル大将が、「降伏文書」に署名した。これにより、沖縄戦は公式に終結したといえる。

しかしこれで戦闘行為がすべて終結したのではなかった。それ以降も、山の中で戦闘を続ける沖縄出身の「日本兵」や、避難生活を続ける住民がいた。沖縄の多くの住民にとっては、収容所に連行させられた日が「終戦の日」だったかもしれないし、米軍が土地の収用を終え、住民に、その都度、帰村許可を与えた十月以降が「終戦の日」であったかもしれない。

あるいは沖縄における「戦後の日」を、米軍による占領が始まった日と理解することもできる。米軍は、三月二十六日に慶良間諸島に上陸し、四月一日に沖縄島に上陸したが、米軍が占領した地域に、順次、米国海軍軍政府布告第1号（いわゆるニミッツ布告）を布告し、日本政府の行政権と司法権を停止し、軍政を開始した。ニミッツ布告の布告をもって、沖縄における戦後が始まったと考えることもできる。

だが沖縄が日本の軍政から解放された日は、同時に、米国の軍政に組み込まれた日でもあった。「日本」と「米国」とが入れ替わっただけで、沖縄は常に大国に利用され、住民は抑圧され続けてきた。沖縄は、かつて「大日本帝国」の前線基地だったが、やがて「米国」の前線基地となり、今日は、「日米両国」の前線基地になろうとしている。沖縄の人たちは、常に、戦争に協力するように強いられている。このように、沖縄には、そもそも「戦後」はなかったのだとも言える。

沖縄は、もともと日本ではなかった

沖縄が「大国」に支配されるようになったのは、近代国家「日本帝国」がつくられた明治初期以降のことである。明治政府は、「日本帝国」の版図を確定し、東アジア進出の足がかりをつくるため、一八七二年に、沖縄の民意を否定し、当時の琉球王国を強制的＝軍事的に日本に併合した。大規模な軍事衝突にならなかったのは、当時の琉球王国がそのための軍備を保持していなかったからである。この時のできごとは、「琉球処分」と呼ばれるが、実態は、武力による強制的な国家併合である。しかし、その頃から米国が琉球の軍事支配を企てていたのも確かなことである。

一八五四年に当時の琉球王国は、東インド艦隊司令長官マシュー・G・ペリーとの間で、いわゆる「琉米修好条約」（直訳すると「合衆国と琉球王国間の条約」）を結んでいる。それは二つのことを意味すると言われている。一つは、アメリカ合衆国が、その当時から、日本を含む東アジア支配の軍事拠点として、琉球の地政学的な重要性を認識していたことである。この米国の長い間の念願が、第二次世界大戦後に達成されたのである。もう一つは、その時点の琉球王国が、海外と条約を結ぶことのできる独立国であったことである。しかし現在は、沖縄県が、米国と軍事基地問題をめぐって直接交渉を行うことも、沖縄の民意を米国や国際世論に訴えることも、日米両政府によって阻止されている。

沖縄の人たちが歴史的経緯を踏まえ、自治を取り戻し、独立への道を探求することは、天皇を国民統合の象徴とする天皇制国家日本とは決別することを意味するであろう。翁長知事は、日本政府に対し、辺野古埋め立ての承認を取り消す表明とともに、国際世論を喚起するため、九月二十一日に、スイスのジュネーブで開かれた国連人権理事会で演説した。しかしその直後、在ジュネーブ日本政府代表部の次席常駐代表を務める嘉治美佐子大使が、反論権を行使し、日本政府を代表して反論した。それは、沖縄の民意や、少数民族に対する人権への配慮をまったく欠く、現在の日本政府の公式見解を繰り返すだけの発言だった。

国連人権理事会は、すでに沖縄を「先住民」として認定している。八月に、理事会から派遣された調査員のビクトリア・タウリ・コープス氏は、在沖米軍基地を視察した後、「基地の集中する状況は差別的だ」と述べ、「辺野古の新基地建設は、『先住民族の権利に関する国連宣言』に違反している」と指摘した。

沖縄戦から七〇年後の今、沖縄の人たちは、琉球王国が解体させられた近代以降の歴史、また「戦後」のできごとをふり返りながら、大国の抑圧をはねつけ、異国に支配されない平和な沖縄を目ざして歩みつつある。日本という「国」に対する意識が変わりつつあるのは、決して、一時的なものではない。一方で、「天皇を象徴として、国民を統合する擬似家族的＝非民主的＝差別的な国家」である「日本」に対する理解が、そして他方で、日本から差別され、日米両国によって軍事支配されている「植民地」としての「沖縄」に対する自己理解が、今後ますます深まるだろう。

この変化は、県外から沖縄を見続けている外国人特派員によっても指摘されている。沖縄タイムス（五月二十八日付け）に、ニューヨークタイムズのマーティン・ファクラー東京支局長へのインタビュー記事が紹介されている。米軍の新基地建設が問題になっている沖縄で、米国の新聞記者は、何を見、何を感じたのだろうか。以下、冒頭部分を引用する。

「日本政府が、本気で米軍基地を造る決心をした。沖縄でどういう反応があるのか、自分の目で確かめようと二十七日、米軍キャンプ・シュワブゲート前のテント村を訪れた。十二年前、東京支局に配属されてから、来沖は十五〜二十回ほど、辺野古は一年ぶりで、ゲート前は初めてだ。

今回、沖縄の人たちの考え方に変化を感じた。日本人と異なる歴史背景を持つ民族だというアイデンティティーが明確になり、日本との溝が深くなっている。

この考え方は十年前、いや琉球独立を取材した三年前も主流でなかった。それが今では広く浸透している。こちらが何も言わなくても、沖縄の人たちは琉球王国の歴史を語り出す。『日本とは違う』という意識を強く感じる。

一方で日本の全国紙を読んでも、こうした沖縄の現状は分からない。そのまま沖縄の声が掲載されることがほぼ無いからだ。日本の中の多様性を認めることができないのか、異なる民族だという概念が無いのか、沖縄のアイデンティティーを認めず、無視している」。

ここに描かれている状況こそが、「沖縄戦」後七〇年の沖縄の現状であろう。

沖縄の教会が「沖縄戦」後に学んできたこと

さて沖縄は、多数の島々から成り立っており、多様な文化を内包しており、キリスト教の影響や、教会の在り方について考える場合にも、ひとまとめに語ることはできない。しかし沖縄戦をかろうじて生き延びた信徒たちの尽力によって、戦後の教会の歩みが始まったことは、否定できないだろう。その際に、米軍のチャペルは、収容所その他で、キリスト者の活動を支えた。キリスト教こそが、沖縄の人たちを軍政から解放し、平和と民主主義を支えるものだという理解が、沖縄の人たちの中に生まれ、多くの宣教師の献身的な働きもあって、教会はどこでも人で溢れた。沖縄の社会に対しても、教会は、教育、医療、福祉などの分野で、「沖縄戦」後の復興に大きく貢献した。

日本基督教団は、一九六七年に「第二次大戦下における日本基督教団の責任についての告白」を公表した。私は、現時点で読み直して、十分な告白とはとうてい言えないと思うが、当時の日本の良心的なキリスト者には、教会が戦争に反対し、平和を支持し、みずからの戦争責任を反省し、国家に対峙することを表明した文書として好感を持って受け入れられた。沖縄の教会でも、好意的に受けとめられた。

しかし、沖縄がベトナム戦争にまきこまれ、ベトナム戦争やそれ以後のさまざまな戦争に直面して、教会の中にも「戦争を肯定する教会」、「沈黙を守るというかたちで戦争に加担する教会」、「戦争に反対するために声をあげる教会」という違いがあることを理解するようになった。そして、いわゆる「福音派」と「社会派」という対立が沖縄の教会の中にも持ち込まれた。

しかしその場合でも、沖縄では、沖縄の教会が置かれている現実を踏まえ、「教会は、福音に立つからこそ、社会問題にも関わりを持つことになる」と繰り返し語られてきたし、またどのような理解に立とうとも、日常的に、軍事基地と隣り合わせの場所にいる限り、教会の活動が危険にさらされるということが意識されるようになった。また信徒たち、あるいは身近にいる人たちが、米軍人や軍属によって引き起こされる事件や事故に巻き込まれることもあった。教会は、好むと好まざるとにかかわらず、社会問題に無関心でいることはできない。

また「沖縄戦」後七〇年経っても、戦争の傷が癒やされることなく、沖縄戦によるＰＴＳＤ（心的外傷後ストレス障害）に悩む人たちが、むしろ増加しつつあることも明らかになった。かつて多くの血が流され、人骨が野ざらしにされていた場所で、沖縄の人たちは生活している。多くの戦争犠牲者の無念さや呻きが、今も絶えることなく聞こえてくる場所で、教会は、戦争を無視することはできない。

そういう状況を踏まえて、沖縄のキリスト者の思いの中に、また私自身の中にも、新しい意識が生じつつある。それは「福音派」であろうと「社会派」であろうと、日本の教会は、「日本」という精神風土に浸りきっており、天皇制国家という宗教的＝政治的な「日本の枠組」を超えることができないという思いである。「日本人」は、日本とは異なる沖縄の歴史や現状を決して理解しようとしないし、「日本のキリスト者」は、沖縄の教会の宣教の課題や、沖縄の教会に関わる人たちの思いを決して受けとめようとしない。今や、「福音派」の教会と「社会派」の教会の間に存在する溝以上に、「日本」の教会と「沖縄」の教会の間の溝の方が大きくなりつつあるのではないか。

日本のキリスト者の中にも、沖縄に関心を持ち、辺野古における新基地建設反対の動きを支援し、沖縄のため、沖縄の教会のために祈る人たちがいることを私は知っている。しかし私が最近、東京に約一年半、滞在して知ったことは、沖縄の教会のために連帯を表明する人たちの「自分たちは沖縄のことを知っている」、「沖縄のために声をあげている」という傲慢さである。彼らは、世界や日本で起きているさまざまな問題を上からの視線で眺め、それらに公平に関わろうとして、リストをつくりあげランクづけようとする。そのため、その時々の政治情勢によって、沖縄の教会のことが最優先で祈られたり、忘れられたりする。彼らは、「沖縄の問題（その多くは、「沖縄」の問題ではなく、「日本」の問題なのだが）」を分析し、沖縄の人たちにアドヴァイスしようとする。その「問題」が解決されないと、沖縄の人たちに責任があるような言い方をする。私自身はといえば、東京の教会を去るときに、ある信徒が私に向かって、「先生、そんなに沖縄のことをやりたいのであれば、沖縄に戻って、いくらでもやればいいでしょう」と語った言葉を忘れることができない。「沖縄の問題」は、自分の問題ではなく、日本の問題でもないと考える人たちが多数を占めているのではないだろうか。

日本のキリスト者は、自分たち自身が、また自分の所属する教会が、いかに「戦後日本」の枠組の中に埋没しているか、いかに「天皇制国家」の中に安住しているか、いかに人権感覚が希薄であるか、「競争」や「序列」や「差別」を肯定する日本社会の中で、いかに日本人同様に隣人を無視した、ひとりよがりな歩みを続けているかを考えるべきではないだろうか。そのことが為されて、はじめて、沖縄の人たちや、沖縄のキリスト者との連帯も現実的なものとなるだろう。

新しい神学への模索

さて私の周辺では、沖縄で新しい神学を生み出そうという気運が強まりつつある。沖縄の地における新しい神学は、個人によるのでも、教派によるのでもなく、教派を超えた沖縄のキリスト者の中から、共同作業として生まれてくるに違いない。そのための勉強会が、さまざまなかたちで始められている。

日本基督教団の沖縄教区は、教団と距離を置きながら、独自の歩みを模索している。同教区は、特設委員会をつくり、二〇〇八年に「沖縄にある望ましい将来教会の在り方」という答申をまとめ、関連文書を付け加えて『沖縄に立つ合同教会を目ざして』（二〇一三年）というブックレットを発行した。その答申の中で、沖縄の教会は、沖縄の地にある教会として、合同教会をめざして歩むことを表明し、「沖縄の教会は、ほかならぬこの〈沖縄〉において他者とともに共存・共生し、宣教・教会形成をするようにと、主なる神が配置してくださった教会である。私たちは普遍的な公同の教会の一員であると同時に、〈沖縄〉という特定の場所に位置づけられた独自の教会に召されてあることを確信する。したがって、独自の歴史、言語、自然、生活の中ではぐくまれてきた教会として、しかも日本国家によって構造的差別の中で苦しめられている沖縄の教会として、独自の信仰を告白せざるを得ない」（一一ページ）と述べている。沖縄の教会は、「天皇制国家日本」に属さない教会、沖縄独自の、自主自立の教会となるために、新しい自己理解を求められている。

最後に

さてこのような沖縄で、県外出身の私は、どのように歩むべきなのだろうか。

二〇一五年六月二十八日に沖縄宣教研究所の総会が開かれたが、同時に持たれた「沖縄の教会とは」という講演の中で、平良修牧師が、沖縄の教会にふさわしいと思われる「牧師像」について次のように述べた。

「沖縄出身牧師を中心とする教会＝『沖縄』への召命を信じる牧師。沖縄を一時の勤務先と考えない牧師。琉球語を駆使できる牧師。〝カチャーシー〟に自然に乗れる牧師。

迷い無く自分は沖縄人であるとの自覚・自負を持つ牧師。こういう牧師を主体とする。したがって非沖縄出身者の牧師は協力牧師として位置づける」（まとめの文書より引用）。

平良氏の思いは、この三十年余、同じ教区で仕事をして、背景となる現実を知っているので、共感できる。このようなリストをつくって人を評価することには反発を感じるし、個々の点では異論もあるが、半分以上はそのとおりだと思う。それでは自分はどうなのかというと、今後、何年も沖縄にとどまっても沖縄人にはなれないと思うし、だからといって日本人に戻ることもできないと思う。それは私の身近にいる家族からも指摘されていることである。私は、いずれ沖縄が独立するときには、沖縄の国籍を取りたいと考えている。でも今は、どちらともいえない中途半端な状態の中で、気負うことなく、神さまに与えられているものを生かし、今、ここで出会うさまざまな人たちと、さまざまな思いを共感しながら、ともに歩みたいと考えている。

（『福音と世界』２０１５年11月号所収）

戦後・日本基督教団と沖縄の関係

大久保正禎《おおくぼまさよし》

1969年生まれ。早稲田大学第一文学部卒業後、日本聖書神学校で学び、卒業後、1996年より日本基督教団京葉中部教会牧師。2004年より日本基督教団王子教会牧師。

はじめに

戦後の日本基督教団と沖縄との関係は、１９６８年になされた沖縄キリスト教団との合同とその「とらえなおし」をめぐる諸問題によって強く枠づけられています。この問題は、２００２年の第33回教団総会における「とらえなおし関連議案」の廃案以後、沖縄教区が「日本基督教団と距離を置く」ことを表明し、現在もなお日本基督教団と沖縄教区の間に重いしこりとして横たわっています。日本基督教団と沖縄キリスト教団との合同は、日米政府という国家によってなされた「返還」「復帰」という政治プログラムとは別個になされました。そこには、戦時下にあって圧倒的に国家の戦時体制に組み込まれていった反省から、第二次大戦の影響を最も強く受けた沖縄との関係において、この機会に教会の国家からの「自立」という方向性を打ち出そうとの意図が働いていたように思われます。しかしその結果は、沖縄キリスト教団が日本基督教団の一部である沖縄教区に位置づけられるというものでした。それは、日本という国家が沖縄返還によって沖縄を「沖縄県」という国家の一部に包摂し、経済的・軍事的利害に従って利用するという国家経営の先取りをしたに過ぎなかったのではないかというのが、「合同のとらえなおし」において問われたことでした。教会論的な意図において国家の動きとは別個になされたこの教会合同は、当初の意図を超えて日本（ヤマト）と沖縄（琉球）との関係史に含まれる「国民とは何か」「国家とは何か」という巨大で本質的な問いの前に、教会を立たせるものであったように思います。

日本基督教団は「合同のとらえなおし」が問われて以後、度重なる「つまずき」を経験しながらもこの問いに答えを見いだす努力を粘り強く続けてきました。しかし2002年の教団総会での「とらえなおし関連議案」の廃案以後、日本基督教団執行部においてそのような努力が積み重ねられているとは言い難い状況です。ここでは「国民」「国家」という視点から日本基督教団における沖縄との関わりの推移を見直しながら、ささやかながらもこの問いに答える可能性を見いだす試みとしたいと思います。

「沖縄支教区」の「抹消」

日本基督教団は1941年、宗教教団の戦時統制を目論む「宗教団体法」にキリスト教諸派が自らを適合させることで成立しました。当時沖縄には5つの教派からなる18の教会・伝道所がありましたが、教団に合同することによって「九州教区沖縄支教区」に属する16の教会に再編されました。[1]

戦前の沖縄の教会の働きを見ると、当時沖縄で行われたベッテルハイムの顕彰行事（1937年）や沖縄ＭＴＬによる「救らい」事業には、「合同教会」としての意識とは別に教派を超えた協力関係の存在していたことが見て取れます。いずれも沖縄独特の歴史的環境と向き合う中から生み出された活動です。後年「合同のとらえなおし」の議論の中で、戦前の沖縄の教会の中に「日本基督教団」としての「合同教会」意識があったか否かが争われることになりますが、戦前においてすでに沖縄の教会に教派を超えた沖縄独自の教会間の協力関係が芽生えていたことは考慮されるべきでしょう。いかなる「合同教会」意識も、地域における教会間の具体的な協力関係を離れては本来あり得ないことが銘記されるべきです。

教団成立後間もなく44年頃から沖縄では沖縄戦を控えて軍の指示により10万人の疎開が開始されます。「とらえなおし」の議論の中で、戦時下、本土出身の牧師はすべて沖縄の教会から本土に引き揚げ、沖縄の教会は「見棄てられた」と指摘されます。事実沖縄戦当時、沖縄に残留していた牧師はいずれも沖縄出身の3名だけでした。その内、佐久原好伝牧師は沖縄戦中に米軍の艦砲射撃で亡くなり、また新垣信一牧師は45年8月24日にマラリヤで死亡しています。沖縄戦後、沖縄に残っていた牧師は佐久原好信牧師1人でした。本土に「引き揚げた」牧師の多くは軍の指示により疎開の引率者として徴用されて沖縄を離れることを余儀なくされたという側面もありました。[2]その後、過酷を極めた沖縄戦により会堂は灰燼に帰し、残っていた信徒の多くは戦死したり、避難等によって散り散りとなり、日本軍の組織的戦闘の終結後、米軍によって沖縄各地に設営された収容所に収容されることになります。戦後の沖縄のキリスト教は、この収容所の中で信徒が自主的に集まり祈りを合わせたことから始まります。

敗戦後、沖縄の教会の存在が日本基督教団の記録から突如消えたことが知られています。その理由として通信不能のため知ることができなかったと説明されます。戦前の「日本基督教団規則」（41年11月24日文部省認可）第九条には、北海から九州までの9教区（その下に各県毎に支教区を編成）に加え、朝鮮・台湾の各教区、満州・華北・華中の各布教区が並び、北海教区には樺太支教区が含まれていました。戦後、宗教団体法の廃止に伴って制定された「日本基督教団教規」（46年第4回教団総会制定）第六十四条では、朝鮮・台湾の教区ほか各布教区の記載は消え、さらに北海教区の樺太支教区、九州教区（戦後は北九州教区と南九州教区）の沖縄支教区の記載も消えています。

日本が降伏に伴って受諾したポツダム宣言には以下の条文があります。「日本国ノ主権ハ本州、北海道、九州及四国並ニ吾等ノ決定スル諸小島ニ局限セラルヘシ」。これによれば戦前の教団にあった朝鮮、台湾、満州、華北、華中、南樺太が敗戦後、日本の主権から離れたことは明瞭です。これらの教区・支教区を戦後教団が抹消したことからは、意識的か否かは別にしても、教団がポツダム宣言の条文に沿って戦後の教団の地域的範囲を定めたことが窺われます。しかし沖縄がポツダム宣言の述べる「吾等ノ決定スル諸小島」に含まれないかは依然不明であると言わなければなりません。しかし教団は沖縄支教区を他の植民地や侵略地域の教区・支教区・布教区と同様に記録から抹消します。沖縄について教団は単に「通信がない」ためという以上に、ポツダム宣言に沿い、さらにはその意味するところを「忖度」して、他の植民地の教区同様、分離・抹消したと言えるのではないでしょうか。

台湾、南樺太、朝鮮は日本の近代化にともなった膨張過程において、それぞれ「台湾領有」（1895年）、「ポーツマス条約」（1905年）、「朝鮮併合」（1910年）によって日本の領土に編入され、住民は「日本人」と見なされました。無論それが暴力的な搾取を伴う植民地支配であり、「日本人」と見なされることでこれらの地域の住民が民族的アイデンティティを剥奪され、「日本人」であっても有形無形の差別的・抑圧的待遇を受け、戦争により日本の犠牲とされて多大な被害を強いられたことは言うまでもありません。しかしこのことを見る時、その住民が「日本人」と見なされていることが、即その地域が「植民地ではない」ことを意味するわけではないことがわかります。そして、これらの地域と沖縄とを並べて見る時、沖縄もまた、これらの植民地同様に「琉球処分」（1872年）（琉球によって日本に「領有」「併合」され、その住民が「日本人」と見なされるようになった地域であったことが浮き彫りになってきます。

戦前、日本基督教団は、日本の帝国主義的な願望に従って「獲得」され、その住民が「日本人」と見なされた地域＝植民地を忠実になぞって教区・支教区を設置し、また侵略地域に沿って布教区を設置していきました。それが大方の「内地」日本人の見方であったにせよ、こうした国家の「国民」形成戦略を忠実になぞる志向が敗戦後にも持ち越され、沖縄支教区の抹消につながっていることが浮かび上がってきます。

日本基督教団の沖縄訪問

戦後、沖縄の教会は収容所の中の信徒の祈りに始まり、信徒の協力団体である「沖縄キリスト教連盟」の結成（1946年）、より教会的な体制を整えた「沖縄キリスト教会」の創立（50年）へと向かいます。53年、日本基督教団より小崎道雄教団議長、柏井光蔵副議長、A・R・ストーン宣教師が公式に沖縄を訪問して日本基督教団と沖縄キリスト教会の交流が始まります。すでに前々年の51年にサンフランシスコ講和条約が締結され、沖縄の施政権は日本から分離され、米軍による暫定的な統治が継続することが決定していました。この訪問の後、ストーン宣教師が「個人的な見解」と断った上で英文の報告書（いわゆる「ストーン・レポート」）を提出します。そこには次のような記述があります。「沖縄の教会は日本の教会との緊密な関係を熱望している。沖縄側の牧師たちとの非公式の会合において、ほとんどの人が可能であれば日本基督教団の一教区になることを歓迎すると打ち明けた。『可能であれば』という言葉は、現在アメリカの軍政下にあるため慎重に用いられている。しかしそれにもかかわらず、沖縄の教会が日本の教会に統合されることは、今や明白に計画立案の段階であると考える。但しこのことは、日本の教会が主導権を取るのではなく、沖縄の教会のイニシアティブと北米教会のサポートによって進められるべきであろう。沖縄の人々は確かに自分たちを日本に属するものと考えている(3)」。

ここでは沖縄の牧師たちが「日本基督教団の一部」になることを歓迎し、「沖縄の人々」は自らを「日本に属するもの」と考えていると伝えられています。そのようなやりとりがあったことは推測できますが、当時沖縄の教会において、教団の一部になることが歓迎され、沖縄の帰属が日本であると言われていることを「自明」とするには一定の留保が必要です。『可能であれば』という言葉は……慎重に用いられている」という言葉がそれを表しているように思われます。敗戦直後沖縄では、日本への復帰論よりも、日本への不信と米国への信頼感が浸透しており、米国の信託統治を経ての独立が議論されていたと言われます。[4] 復帰論が急浮上するのは1950年の群島知事選挙の前後と言われます。[5] 沖縄では米軍の暫定統治が長引く一方、日本本土では講和を目指して社会諸制度が整えられつつあることが伝わってくるという事情がそこにはあります。暫定統治とはすなわち「恣意的統治」であり（事実50年代には米軍による恣意的な土地接収が過酷さを極めてゆきます）、それが長引けば沖縄の将来は極めて不透明かつ過酷なものにならざるを得ません。そうした事情の中で復帰論が浮上してくるのです。それは沖縄にとってはある種「窮余の策」でもあったでしょう。同じ「日本帰属」を語る上でも、沖縄のそれと本土のそれとでは本質的な差がありました。『可能であれば』という言葉」が「慎重に用いられている」背景には、単に米軍政下で「日本帰属」をあからさまに表明できないというだけでなく、沖縄の教会の中で「日本基督教団の一部」になることが必ずしも「自明」とされていないことを言外に表しているのではないかと思うのです。実際、教団の訪問を受けて開催された沖縄キリスト教会理事会では、出席者全員が「沖縄ガ全面的ニ政治的ニモ完全復帰シタ時考慮スル」とした上で、このまま日本基督教団に復帰した場合、米国からの援助が削減されるおそれがあること、沖縄教会には前途多望な青年信徒が多く当分の間「琉球教会」というような独立の組織をつくるべく研究すべきだということが戦後第一世代の牧師の間で議論されています。[6] それゆえにこそ、ストーン宣教師は後段で「日本の教会が主導権を取るのではなく、沖縄の教会のイニシアティブと北米教会のサポートによって進められるべきであろう」と付け加えているのではないでしょうか。

「可能であれば」という小さな文言よりも「日本基督教団の一部」になることを「歓迎」し、「沖縄の人々」は自らを「日本に属するもの」と考えているという言葉が日本基督教団の目を引いたのは当然かもしれません。このストーン・レポートの微妙な記述を受けとめる感性が必要なことは後になって認識されることでした。ともあれこの後、日本基督教団と沖縄キリスト教会（57年以後は「沖縄キリスト教団」）の間では人事や牧師養成の支援等といった交流が始まります。[7]

日本基督教団と沖縄キリスト教団の「合同」

1966年8月の日本基督教団夏期教師講習会に沖縄キリスト教団理事長の代理として参加した山里勝一牧師が、教団の戦争責任を巡る議論の中で、「現に、一〇〇万近くの人が、小さい島々におり、アメリカの専制で苦しんでいる」状況が「現状のまま残されている」ことを日本の教会の戦争責任として考えてほしいと訴えます。[8] 同じ発言の中で山里牧師はこのようにも訴えています。「韓国が日本にとって外国であることはわかります。しかし、沖縄は外国ではありません。今秋大阪で開かれる教団総会への招待状を先日受け取りましたが、これがまた英文で書かれており、日本基督教団は、沖縄をなんと考えておられるのか、こちらがとまどってしまいます。……私はこんどの講習会でも、『お前の国籍はどこか』と、三人ほどのかたから聞かれましたが、悲しいことです。これは、沖縄が日本人として扱われていないということです」。当時、日本基督教団では沖縄との交流は1956年に発足した海外伝道委員会が担当していました。これについて柏井教団副議長（当時）は「沖縄を外国と考えてのことではな」いと断り、沖縄伝道がACEM（世界宣教アジア協議会）との関連を持つゆえと説明しています。[9] このことをどう理解すればよいでしょうか。確かに日本基督教団は沖縄を「外国」と考えてはいなかったでしょう。しかしさりとて「日本人」とも考えることができずにいたのではないでしょうか。実は「沖縄をなんと考える」のか「とまどって」いたのは日本基督教団のほうだったのです。

この年は、11月に沖縄で平良修牧師がアンガー新高等弁務官の就任式の祈祷において「新高等弁務官が最後の高等弁務官となり、沖縄が本来の正常な状態に回復されますように」と祈ったことが反響を呼び、沖縄の教会が「反基地」の立場を鮮明にした年でもありました。沖縄の教会では、米軍政下の抑圧に向き合う反基地の取り組みから、「国民＝国家」の枠外に置かれることで人権が保障されない状況が明瞭に意識されるようになっていました。こうした状況から語られる「沖縄が一日も早く本来あるべき姿に帰るよう」（山里前掲記事）、「沖縄が本来の正常な状態に回復されますように」との願いは、単純に「国家」の枠内に沖縄が組み込まれることと同一ではありません。それは「人権が守られる状態」への回復に他なりません。それは「復帰」運動において「平和憲法」への回復として訴えられ、沖縄の教会においては教団の「戦争責任告白」への回復として求められたものです。こうした認識は、沖縄が「国民＝国家」的アイデンティティの枠外に置かれ、米軍政の剥き出しの権力に抑圧される厳しい経験から勝ち得た認識であったでしょう。他方で日本基督教団は戦前戦後一貫して「国民＝国家」的アイデンティティの枠内においてのみ自らを形成してきたがゆえに、その外に置かれるという経験が意味するものについて、決定的に認識を欠如させていたのです。それゆえ「国民＝国家」の枠外に置かれた「沖縄」という存在を捉えるに適切な認識的枠組みを持ち得ず、沖縄が「本来あるべき姿」として訴えていることを、日本国という「国民＝国家」の枠内に組み込まれることとしか認識することができませんでした。

結果として日本基督教団は「沖縄の祖国復帰を実現するためその一つの課題として、両教団が一つとなる方向をめざして、努力、研究を開始しよう」[10]という方向に進みます。翌67年2月には鈴木正久教団総会議長と佐伯倹総務局長が沖縄を訪問し、早くも同月に「合同決意に関する声明」が、日本基督教団総会議長鈴木正久と沖縄キリスト教団総会議長比嘉盛仁の連名で発表されます。「合同」に至るのは翌68年10月。山里牧師の訴えからわずかに2年と2ヶ月のことでした。

「合同決意に関する声明」には次のような言葉がありま す。「現下の沖縄の問題は、分裂した世界と、その谷間にある祖国日本およびアジア諸国の悩みと苦しみの現われであります」。また、「合同議定書」の前文にも次のような言葉があります。「二十年以上にわたる両教団の分立は、戦争によって沖縄が祖国から引き離されてきたことに起因する。この世の歴史においては、この傷はいまだいやされるに至っていないが、『世の光』としての教会はみずからの身においてこの裂け目を克服する志を表明した。これが両教団の合同である」。この時期、『教団新報』の「合同」に関する記事には「分裂した世界」「裂け目」といった表現が多く見られ、この「分裂」「裂け目」に立たされた沖縄の重荷を共に担うことが教会の使命であると語られます。

この使命感が、日本基督教団と沖縄キリスト教団が国家による「復帰」とは別個に「合同」を企図した原動力であったことは確かでしょう。しかしこれら「分裂」「裂け目」が語られる文章のほとんどすべてに「祖国」という言葉が並んで登場するのを見逃すことができません。「分裂した世界」「世界の裂け目」に注目しながら、それを再び「国民＝国家」的アイデンティティで覆い直す発想しかできなかったのが、当時の日本基督教団、沖縄キリスト教団双方に共通する限界であったのでしょう。しかし「合同」式典の開催（68年11月11日）を報じる『教団新報』（68年12月7日）の記事に「沖縄教会の反響」として次のような記載があることに筆者は注目します。「老年層、とくに戦前の沖縄で信徒教師として生活をしてきたかたがたは、戦前と同様の離島苦を味わうのではないか、重荷だけが加えられるのではないか、との不安をかくしきれないようである」。この時点で沖縄には「合同」に対する警戒感が確かに存在していたことを銘記しなければなりません。

「合同」から2年後の1970年、なお「復帰」前の沖縄でいわゆる「コザ反米騒動」が起こり、事件後、首里高校の生徒らが米民政府に抗議行動を行います。71年6月12日の『教団新報』に「沖縄の高校生」と題してそれを紹介する長尾勇三氏（桑名高校教諭・桑名教会役員）の文章があり、そこに「彼らの先輩である一教師」の言葉が紹介されています。「ぼくは、ぼくらの沖縄の二十四年間の、傷だらけの闘争の連続の中で、ぼくらが、一つの自立精神と、徹底的に時の権力を疑う批判精神を獲得したことに誇りを持つ。本土の仲間たちが〈民主主義〉と〈平和憲法〉の保護の下で、国家の軍国主義化を許していった二十四年間の歴史と、沖縄の戦後二十四年間の歴史とでは、重みがちがうことをぼくは言いたい」。

日本基督教団がそれを「国民＝国家」的アイデンティティで覆い直すことしか発想できなかった「世界の裂け目」＝「沖縄の戦後の歴史」が、ここでは「本土の歴史」とは違う「重み」を持つ「誇り」として語られていることに、「合同」とその「とらえなおし」の問題を解く鍵を見る思いがします。それは「国民＝国家」という枠の外に置かれた経験を、負の経験として捉えるだけでなく積極的な価値を持つものとして見いだそうとすることです。

おわりに

「合同」後、日本基督教団では「合同の実質化」として、2度の「沖縄セミナー」の開催（3度目は沖縄教区側からの要請により中止）、沖縄キリスト教短大の施設拡充のための募金（1973年6月に目標額の半分で終了）、会堂・牧師館再建募金（78～84年）に取り組みます。「復帰」後、日本国家による沖縄の「系列化」が進む中で「合同のとらえなおし」が問われはじめます。募金等具体的方策の進展に比して、沖縄と本土の認識の差を埋める作業は試行錯誤を伴うまことに遅々たるものでした。それは「合同」以前・以後に共通して言えることです。しかし曲がりなりにも、敗戦後の「抹消」という状態から、「合同」前の交流、「合同」後の模索を経て、日本基督教団は沖縄との関係を形作り、そこで沖縄の苦難に触れて認識を深めさせられてきた事実の重さはあります。それは恵みであったと言わねばなりません。

1991年に開催された宣教方策会議を伝える『教団新報』記事（91年12月14日）に、外間永二氏（平良川伝道所信徒）の次のような発言が紹介されています。「外間氏は……『沖縄に来て立派な言葉を残していく人が多いが、その人は自分の生きる場で、言葉通りの働きをしているのか』と述べ、足もとの問題からかけ離れた『立派な言葉』『立派な神学』は困ると訴えた」。戦後70年の日本基督教団の沖縄との関係構築は、結果的に「立派」なものではありませんでした。しかし「立派」でないからと言って、これまで築いてきた歴史を否定し去ることは決してよい実を結ばないでしょう。ここでは紙幅の都合もあり「合同」に至るまでの時期のみ、しかも部分的な断面を切り出すことしかできませんでしたが、「合同」以後の「とらえなおし」

の時期についても、また戦前の沖縄の教会についても、つぶさに見直し直視しながら、その上に新たな関係を模索していくことに努めなければなりません。

他方、「とらえなおし」の議論の中で見いだされた問いは、それぞれの「足もとの問題」に各人がいかに関わっていくかということでした。それは、各人が「国民＝国家」的アイデンティティの枠の外に自らを置いてみた上で（それは「日本基督教団」という枠を外してみることでもあります）、個人としてこの世界とどのような関係を築いていくかを自らに問うことです。困難な問いではありますが、日常において持続的にこの問いに答えていこうとする努力を通じてはじめて、わたしたちは「国民＝国家」的アイデンティティを越えて、真に「互いに重荷を負い合う」関係を築いていくことができるのではないかと思うのです。

（１）『基督教年鑑』（１９４１年）、『教団年鑑』（１９４３年）を参照。なお、原誠『国家を超えられなかった教会――15年戦争下の日本プロテスタント教会』（日本キリスト教団出版局、２００５年）２３４頁によれば、教団成立によって活動停止、消滅した教会・伝道所は、日本メソヂスト教会名護教会、日本メソヂスト教会石川伝道所、バプテスト教会垣ノ花基督教講義所、バプテスト教会愛泉講義所がある。またこの間、ホーリネス教会に所属していたうるま教会が本土同様の弾圧を受け解散を余儀なくされている。これについては上掲原（２００５年）２３６―２３７頁、仲地利子「ホーリネス弾圧と沖縄」山崎鷲夫編『戦時下ホーリネスの受難』（新教出版社、１９９０年）２４７―２４８頁を参照。

（２）戒能信生「沖縄キリスト教団との合同――第一次資料からの検証」（『聖書と神学』第19号、日本聖書神学校キリスト教研究所、２００７年）、服部団次郎『沖縄から筑豊へ――その谷に塔を立てよ』（葦書房、１９７９年）を参照。

（３）前掲戒能（２００７年）参照。「可能であれば」という箇所は、英語原文には“as soon as feasible”とある。

（４）小熊英二『〈日本人〉の境界――沖縄・アイヌ・台湾・朝鮮　植民地支配から復帰運動まで』（新曜社、１９９８年）４８３―４８９頁参照。

（５）同前、４９２―５０１頁参照。

（６）一色哲「軍事占領と地域教会――１９５０年代中盤の沖縄教会を事例に」（『キリスト教史学』第57集、２００３年７月）を参照。

（７）この交流において、日本基督教団による医療宣教師（湊治郎医師、犀川一夫医師）の派遣によって沖縄においてハンセン病の在宅・外来治療が展開される等、つぶさな活動が実を結んでいる。これについては前掲戒能（２００７年）、大森泰夫「沖縄キリスト教団の医療事業」日本キリスト教団沖縄教区編『戦さ場と廃墟の中から――戦中・戦後の沖縄に生きた人々』（日本キリスト教団沖縄教区、２００４年）に詳しい。

（８）山里勝一「沖縄の声」『教団新報』（第３４８８号、１９６６年9月17日）所収。

（９）柏井光蔵「世界伝道の使命――世界宣教とわが教団」『基

督教新報』（第３０７1号、１９５7年10月5日）所収。
(10) 第14回教団総会（１９６６年）に提出された「日本基督教団と沖縄キリスト教団との関係について研究開始要望の建議」に対する教団社会委員会の答申より。『教団新報』（第３４９６号、１９６7年1月21日）所収。

（『福音と世界』２０１５年11月号所収）

戦後70年の歴史に学ぶ

――共生と平和を祈って

大下《おおしも》幸恵《ゆきえ》

1934年生まれ。63年より日本基督教団キリスト教教育主事。CCA教育委員会や日本基督教団教育委員会などで教育問題に携わる一方、性差別問題特別委員会などで委員を務める。99年から大下秀三牧師と共にカナダ合同教会フレーザーバレー日系人合同教会で働き、2006年に帰国。現在、地域の福祉ネット会員として「絵本の部屋」を主催。共著『関係の教育』他。

はじめに――墨塗り教科書で始まった民主主義教育

70年前、第二次世界大戦が終わった夏、10歳だった私が思い出すのは暑い夏の陽ざしの中、大人たちが口々に何かつぶやきながら、雑音の入るラジオを囲んで集まっていた情景です。「戦争は無条件降伏だって、戦争は終わったのよ」。母の声が今も耳に残っています。大人たちが右往左往していたのはこれからどうなるのか思考が停止した状況だったのではないかと思います。しばらくして学校から9月の新学期には筆と硯、墨を持って登校するようにと連絡があり、ふしぎに思いながら登校したことを思いだします。先生は国語の教科書の戦争に関係する題名をアメリカ人が来た時に見られないようにと墨で消させたのです。本文も軍隊とか、天皇陛下に忠誠を尽くした兵隊さんなどのところには墨を塗ってゆきました。1981年に『スミぬり教科書』という小学館の本が出た時、改めてその残暑の日を思いだしました。この墨塗りによって軍隊を讃美した状況を消し去るつもりだったのか、あるいは「今までのことは忘れなさい。今日からは民主主義だから何でも言っていいよ」と軍国主義から民主主義に変わったということだったのか。墨塗り教科書を手にした小学生は何とも不思議な新学期をむかえていました。

「ヒコクミン」という言葉が子ども心に焼き付いたのは70年前のことです。ご近所の方がきたないものを見るような目で「ヒコクミン」という言葉をときどき言っていたのを聞いたのです。「戦争に行かない人はヒコクミンだよね」。

乱視が強く眼鏡をかけていた父はクリスチャンでした。戦争に行かず、松根油工場の責任者をしていました。あちこちの山や家の屋敷の松を切ってその木から油をとり、飛行機の燃料にするのです。油まみれで真っ黒になって働く父がヒコクミン。その時の私には理解できない言葉でした。戦争が終わって父は当たり前の人間になったのでしょうか。

そして私たちは「国民学校」から「小学校」「中学校」の6・3・3・4制の学校制度に組み入れられました。ここから「民主主義」教育になったのですが、私たちには学校に軍人のいない教育の始まりという変化でした。学校の教師たちにとっては制度だけではなく教育内容に至るまで大きな変化で、大変だったようです。1945年、アメリカのマッカーサー司令官が飛行機から降りてくる姿を新聞で見た時、私たちは焼け野原にたっていました。ヒコクミンではなくなりましたが、占領下の生活が始まったのです。それは1952年4月28日のサンフランシスコ講和条約締結まで続き、沖縄ではその後も施政権が日本に返還される復帰の日まで続くのです。あえて言えば、敗戦後70年という節目の年が今年ということができます。そしてその占領下で女性と子どもは人間として生きる人権を勝ち取る戦いを始めるのです。

日本国憲法に「男女平等」を書いた女性、ベアテ・シロタ・ゴードンさんの自伝（『1945年のクリスマス』柏書房、1995年）を読んだとき、日本国憲法の戦争放棄をうたう9条や天皇制の大きな変更とともに、103条内の人権条項31条（全体の3分の1を占めている）も注目されなければならないと思いました。この人権条項はベアテさんの属する「人権委員会」によって書かれたものですが、当時アメリカでも「男女平等」ではなく、同じ敗戦国のドイツ、イタリアでは憲法成立は3年後でした。もし憲法が1952年のサンフランシスコ講和条約後に日本の政府によって書かれたとしたら、「人」と言えば男性を指していて、女性や子どもは入っていなかったかもしれません。世界の宗教の人間観は男性の視点で書かれているのです。占領軍によって作られた憲法は押しつけと言われていますが、下書きには多くの未来を見据えた日本の憲法学者たちの努力があったことを忘れるわけにはゆきません（鈴木安蔵『憲法制定前後――新憲法をめぐる激動期の記録』青木現代叢書、1977年）。特に、不十分だとされる人権条項でも「男女平等」が最初に入れられたのが日本国憲法です。その成立過程をしっかり学んで人権問題に取り組まなければと考えさせられました。教育の現場での人権、セクシュアリティーなどの問題は、あの敗戦後の（占領下といわれる）7年がなければできなかった条項でしょう。今、憲法9条をめぐって安保法案が審議されていますが、国民の人権が守られてきたのはこの憲法があったからということができます。「集団的自衛権」だけではなく「安保法案」そのものがこの70年の中で大きな課題でした。教育問題もここに端を発しているので、人権問題を中心に「戦後70年」を書いてみたいと思います。

「戦災孤児」から見えてきたもの

１９５０年代、アルバイトをさせていただいたＮＣＣ教育部から出ていた『教会教育』の取材で、戦争で親を失ってしまった子どもたちが生活するいくつかのホームや、子どもたちを指導するという「教護院」を訪ねました。それは小学唱歌で歌われた「みどりがおかの赤い屋根」という歌では想像できない、子どもたちの過酷な葛藤の場所でした。何回でも盗みを繰り返し、「次郎長」と呼ばれていた子どもの生きることへの執念ともいえる姿には圧倒されました。アルバイトをしなければ学校を続けられない時代でしたが、取材する中でここから生きなおさなければという思いに駆られ、お茶の水の橋の下、江東区の次郎長長屋（通称）で子どもたちと遊び、勉強をしました。そんな中で教育の在りようを問いながら、教師になる道を模索していました。何人かの友人たちが離島の小学校や山間部の教師のいない小学校を希望して赴任してゆきました。そんな中で中央教育審議会が出した答申で「道徳」の復活や日の丸・君が代問題に集約される現場教師への締め付けが強くなり、もっと自由に子どもの個性を伸ばすことができる教育はないのだろうかと自由学校やフリースクールが作られるようになりました。

日本の教会でも、子どもたちに聖書を教えるカリキュラムからアメリカのデューイの民主主義教育の流れをくむ教育――社会、自然、世界とはというようなテーマでキリスト教の世界観、人間観を学ぶ総合性カリキュラム――が主流になってゆきました。そんな中で戦後初めてのキリスト教世界教育大会が代々木の体育館と青山学院で開かれ、いつか私の教師への夢は、あの戦後の焼け跡で生きていた子どもたちと共に教会でフリースクールをという思いにみちびかれてゆきました。教会は聖書を教えるところではなく、聖書によって生きる力を共に経験し、学ぶ、「関係の教育」の場であるべきだという考えが教会のリーダー養成に取り入れられるようになるのです。「関係の教育」は教育のダイナミックスのなかで、大人も子どもも、生かされている自分を発見し、ともに生きる力（恵みによって生きる）を体験してほしいという理念にたっています。

教会の幼稚園で初めて「発達遅滞」の子どもと出会い、すべての子どもがこの群れの中で育つという教育理念、ともに生きるという体験学習の必要性を痛感するのです。

教育現場で何が起こっていたか

1960年代の教育現場では安保条約の締結の中でいつか国にとって有用な人材を育てるという教育のもと、心身に障碍を持つ子どもたちを普通学校から「特殊学級」養護学校へ送る流れが徐々に進められ、この流れは教育内容にも及んできました。「養護学校でその特性を生かして育てるため」という養護学校の教育目標は理念で、教育内容にはあまり反映されていませんでした。1958年、教育内容に道徳が教科として入ることが決まり、教育現場では日の丸・君が代を国旗・国歌として取り入れるようにとの通達がなされ、今日の流れにつながっていくのです。

「安保闘争」と呼ばれる一連の流れはこの教育現場への政府の介入に端を発しているといっても過言ではありませんでした。「大学の学園紛争」と呼ばれる学生たちによる問題提起も、国の教育政策に絡め取られてゆく教育現場に不安を感じていた若者たちの気持ちの発露です。「いつか来た道」ということばが教育現場の不安を表しています。サンフランシスコ講和条約後も日本にある米軍基地が大きな問題でしたが、米軍に代わって自衛隊で日本の防衛をとの呼び声で日本のあちこちに自衛隊の基地が配備され始めたのです。「安保条約」は日本防衛という大義でアメリカ優先の軍事条約であることは最初から明らかですが、朝鮮南北戦争、ベトナム戦争などを通して日本の米軍基地がその前線基地になっている事実の中で「安保条約」の改定が行われます。多くの心ある大学の教師は学生たちと一緒に国会の周りのデモに参加したり、日比谷公園の集会などに参加し、米軍の基地があることによってさまざまな性犯罪、交通事故、ひいては飛行機事故まで引き起こされたことへの強い抗議の思いを示しました。

ベトナム戦争の時、私はアメリカにいました。「関係の教育」を学ぶ（体験する）ためでした。実習で働いたコミュニティーセンターのあたりは低所得のスパニッシュ・アメリカンとアフリカン・アメリカンの人々が住む地域で、若者たちが戦死したり、後遺症で苦しんだりしていました。ベトナムの子どもたちの被害はこれ以上です。60年代後半は日本もアメリカもまさに貧富の差と学歴社会に組み込まれた時代でした。日本では制度的な男女平等はかかげられてはいるものの、男性がほとんどの決定権を持つ男性主導の社会で、かろうじて学力のある女性が大学に進学し、会社では「お茶くみさん」として働き、結婚すると仕事をやめて家庭に入るという役割分担社会が形成されていました。

1963年、このような状況の中で教会は宣教の課題として教育の重要性を考え、専門性を生かしたキリスト教教育主事の職制を日本基督教団総会で決議します。うがった見方をすれば神学校で学ぶ女性たちがふえ、この女性たちの働き場を作るという苦肉の策ということもできますが、考えすぎでしょうか。

1960年代の終わりは、また「安保条約」の改定が行われ、沖縄に米軍基地が集中、密約問題が出てきたときです。私はこの年の終わりに結婚し、日本に帰ってきました。教育関係の仕事を続けること、お互いの仕事を尊重し、結婚によって生じる不都合な状況を2人で解決しながら結婚生活を続けることを約束してスタートいたしました。日本は「安保条約」改定に反対する嵐が吹き荒れていました。いわゆる70年安保です。大学の教育現場は学園紛争のただ中で、私が戻った大学の現場も、大学の理事会を中心とする人々に対する不満が安保闘争と重なり合って、学園封鎖、デモで警察に捕まった女性の学生たちの支援、教会に来ていた学生の支援、裁判、警察や機動隊が庶民を守らないという事実に何度も出会い、怒りが大きかった時代でした。2歳になったばかりの子どもが箒を担いで「アンポハンタイ」と言って部屋を駆け巡ってわたしたち大人を苦笑させました。

1963年にキリスト教教育主事の制度が日本基督教団の中にできたことを書きましたが、教会教育に専門性をという声はありましたが、教会の現場は経済的にも組織的にもこの制度を受け入れる状況にはなっていませんでした。この状況を踏まえ、教会教育の新しい試み、「ともに生きる」の啓発のために10年近く、各地の教会で研修会を開かせていただきました。教会の現場でボランティアとして働く女性たちや女性教職の方々の働きにさまざまな葛藤のあることを知りました。そして大きなターニングポイントである、障碍児差別の問題に出会うのです。

それは、教会教育の働きとして長年行われてきた教会の子どもたちの献金を「アジアの開発途上国の子どもたちの教育」「障碍を負う子どもたちの教育」へ捧げる行為の中に差別があるという指摘でした。「ともに生きる」と言いながら、その行為を勧める文章の中に憐れみの心があるのではないかという指摘によって、無意識の中で刷り込まれてきた差別の現実に向き合わされたのです。最近、櫛田眞澄さんが現代図書から出された『無意識の男女差別』（2014年）のあとがきの中でいつも意識していた言葉を書いていますが、それは「我々の現在は過去に制約されている。しかも我々を制約する過去は、必ずしも表層に表れているとは限らない。それは、言説化された思想の奥に潜むものである」という末木文美士『日本の宗教』（岩波新書、2006年）の言葉でした。「無意識の差別」は長い国家主義的イデオロギーによって刷り込まれ、現在にもつながっている現実です。障碍児差別の問題に取り組んだ当時、男性は差別を問われたことで委員長を引き受けず、何回も委員会を開いた末、女性が委員長を引き受けるという状況になりました。この差別の問題が教会の教育の原点に立ち返る思いを与えてくれたのです。「ともに生きる教育」の試行錯誤がここから始まるのです。

泉のほとりで語り合い、祈り、分かち合い、来た道を帰ろう

１９８９年、日本基督教団の教育の場で「ともに生きる教育」を実践してゆくために教団の教会のみならず、在日大韓基督教会、聖公会などの協力で現場でのさまざまな試みが進められてゆきました。そこでもう一度、教育の現場でボランティアとして奉仕する女性たちもまた女性教職として働く人々の中にある葛藤や差別の現実に出会うのです。この年、一年にわたる話し合いを重ね、埼玉県嵐山にある国立婦人教育会館で第1回の教会女性会議が開かれました。

「さあ　立ち上がって　来た道を帰ろう　復活のイエスに出会った女たちに　わたしたちはつづく　喜びのいのちを伝えよう　この年も」

この詩は北村恵子さん（準備委員）の詩の一節ですが、これはこの女性会議に集まった女性たちの共通の思い、祈りでした。ここに女性たちのエンパワーメントの泉があったのです。

１９９０年代は教団の中で伝統と人権問題のせめぎ合いが行われた時代のように思います。１９８９年の教会女性会議をきっかけに教団総会で「性差別問題特別委員会」が承認され、スタートします。それまで声を上げることのできなかった女性たちが連帯の中から教会の中にある差別、特に教団の式文に表れている差別（特に結婚式文）の削除を求める提案をします。この件はまだ解決していませんが、ＬＧＢＴの運動の盛り上がりなどの中で自治体が同性パートナーシップを認めるなどの動きがあるなか、根底から崩れてゆくのではと思っています。カナダ合同教会などではすでに同性婚にも用いることのできる結婚式文を作成していますが、日本にも早急に求められることです。

１９９０年に韓国の光州で開かれた「東北アジアの平和と女性神学」の会のまとめで川瀬伊都子牧師は「地球をしっかり両腕に抱いて涙を流している母親、力一杯太鼓をたたき、歌い、旗を振りかざし、踊っている女性の躍動の中に入れていただきました」と書かれています。ここから性差別問題特別委員会でも「従軍慰安婦」問題に取り組むことになりますが、いまだ謝罪には至っていません。２０００年に開催された「女性国際戦犯法廷」でこのことに関わった軍人には判決が出ていますが、日本は国際裁判所の勧告を拒否したままです。教団の性差別問題特別委員会は今、教団から離れ、セクシュアリティーの問題に取り組む女性たちによって担われていますが、残された差別の問題が多

いことを痛感いたします。原発被害者の損害賠償訴訟を支援する中で、DVやパワーハラスメントなどの被害を受け、二重に苦しんでおられる方々の現実にも出会います。

おわりに

墨塗り教科書で始まった民主主義教育ですが、国の政策が右傾化すれば、庶民の中にさまざまな声が生まれてきます。これは民主主義教育を受けたおかげでしょうか。差別の問題も同様で、表面化していなかった大企業や国のパワーハラスメントの現実が見えてきます。しかし圧倒的な力とどう向き合うのか、どう連帯し、取り組み続けるかはこれからの課題だと思います。

『絶望的に希望なき人々に光が――第二次世界大戦中強制移動させられた日系人とカナダの教会』（2003年）は、第二次世界大戦中の日系人の状況とカナダの教会の方々の働きを記録したものです。その中でキリスト教の宣教は「社会的福音」であると書かれていますが、まさにイエスの福音は、「社会的福音」の一語に尽きると思います。人を解放し、癒し、生きる希望を見出す出会いをこの社会の中に作り出す仕事が今、求められています。

『女たちの21世紀』No.17（アジア女性資料センター、1999年1月）の特集「女性がいま問う戦後責任」を読み返しながら、韓国のソウルで水曜デモに参加した日、やさしく声をかけてくださったおばあさんの声を思い出しました。この方々の人間としての尊厳を回復するため、国としてお一人お一人に謝罪をしない限り、戦後は終わりません。

（『福音と世界』2015年9月号所収）

キリスト者として社会問題に発言する

――地方自治体から日本社会の正義の実現へ

荒《あら》井《い》眞《ま》理《り》

日本聖書神学校卒業。日本聾話学校教員、日本キリスト教海外医療協力会バングラデシュ・ワーカー、「戦争と女性への暴力」日本ネットワーク事務局員等を務める。現在、日本基督教団佐渡教会牧師、佐渡市議会議員、佐渡伝統文化と環境福祉の専門学校講師。

どんどん引き受けているうちに

私は世の中一般の人に比べると異色の経歴の持ち主だと自負しています。今現在、牧師と市議会議員と専門学校の講師を掛け持ちしていることもそうですが、私の仕事は聴覚障がい教育の教員で始まり、次にバングラデシュで聴覚障がい分野の仕事をし、帰国後は女性の人権問題として、日本軍「慰安婦」問題解決のための仕事もしました。どの仕事も精神的にハードルの高いものばかりでした。海外は、シンガポール、スイス、バングラデシュで生活もしました。ここまですべて神様任せで人生が流れてきました。

どの仕事が一番大変だったか、というと比較ができません。聾話学校では難聴をもつ幼児の言葉にならない表現を全身で聴き、バングラデシュでは自分の命を常に神様に預けていました。日本軍「慰安婦」問題の仕事では右翼団体との精神戦が続き、市議会議員の仕事はオールマイティが要求され、牧師の仕事と合わせて365日24時間のフル回転です。

女性たちのために女性が招かれている

そんなすごいことになっている私ですが、実は10年前、この自然が美しく食べ物のおいしい佐渡の教会に赴任が決まった時は、人生の前半40歳まで十分に駆け抜けたからあとはゆっくりしていいよ、と神様からご褒美をいただいたような隠退気分でした。小さい教会を夫と二人で牧会し、バングラデシュには年に2回ボランティアで指導に出かけ、あとは新潟や佐渡で悠々とボランティアや好きな活動を展開していれば十分、と思っていました。

ところがまさか、の道が佐渡には備えられていました。佐渡に赴任して2年目、私には無縁だった「議員」のお誘いが女性の市民から持ちかけられました。たしかに、自民党の政策などに異を唱えることは数限りなくありましたが、自分自身が政治の世界に入るとか、議員になるとかいったことは一瞬たりとも考えたことはありませんでした。

考えてみれば、私はそれまで議員の仕事が何かをよく知らないで投票をしてきたような無責任な市民でした。しかも、私が日本の政治に問題を感じるようになったのは、バングラデシュから帰国した後のことでした。話がバングラデシュのことに及びますが、今現在、バングラデシュは1月6日以来の全国無期限ストライキに入っています。ストの間は社会機能の多くが停滞するという大きな損失があります。今回のストでは、一年前の総選挙は無効であり、選挙管理内閣の下で選挙の再執行をしてほしいという要求がなされています。日本では考えられないほど政治に熱い社会です。私はその社会で、国会議事堂まで歩いて10分の所に住んでいましたので、デモの影響を強く受ける環境にあり、政治と社会の繋がりについて、とっくりと考えさせられました。そして、自分の国日本の政治はどうなっているのだろうか、と遅い目覚めが始まったのでした。

日本に帰ってからは、ことに女性の人権問題に目覚め、日本軍性奴隷制を裁く「女性国際戦犯法廷」の準備に関わることになりました。そこで初めてどこの政党がどのような考えを持っているのかということに具体的に出会うことになりました。それまでは、右派政党が何で左派政党が何かなどの違いもわかっていませんでした。また、土井たか子さんをはじめとする女性の大物政治家にもお会いする機会が何度かあり、日本社会は男性中心で動いている、ということを強く認識するようになりました。

その頃、私が通っていた教会の女性牧師から「眞理さん、教会はこれまで社会の問題にいち早く取り組み、社会をリードしながら病院、学校、福祉施設などの働きを進めてきたけれど、女性の問題への取り組みは今や社会より教会の方が遅れているのよ」、そして「その原因は、牧師のほとんどが男性だからよ」と言われ、「そうだ！」と深く共感したのでした。戦後50年近くも日本軍「慰安婦」問題は闇の問題として公にならず、しかし2000年になって「女性国際戦犯法廷」が成功したのも、多くの女性たちが力を合わせたからでした。ということは女性牧師が少ない日本の教会では女性の問題が看過されてしまう、と思いました。そのことがあり、私は「女性たちのために牧師になろう」と決意し、36歳で神学校に入学し、日本キリスト教婦人矯風会にも入会したりしました。くしくも私の任地になった佐渡教会は、1933年に日本で第一号とも言われる女性牧師を誕生させた教会です。その事実を知った時、「神様は私に女性たちのために牧師として働け、と言っておられるのだ」とさらに確信しました。

逃げても呼び声はやってくる

さて、議員の仕事がよくわからないにもかかわらず初めて選挙に立候補した2008年は落選しました。佐渡の選挙は、地域の利害関係、親戚、同窓会などなんでも縁故の強さで票が決まり、当選するための活動は精神的にも肉体的にも、また家族にとっても、想像以上にきついものでした。それでも数少ない女性候補者であることをアピールすれば票が集まるという期待もありがんばりましたが、有権者の「がんばってください」の言葉以上には広がらず、票は足りませんでした。二度とこんなきつい経験はしたくないと思い、その後は「もう出ません」と断っていました。

心からもう嫌だ、と思ってそう言っていましたし、何の政治的な活動もしていなかったのですが、それでも心のどこかで「絶対に議員になることになる」という予感がしていました。そして、その予感は的中しました。私は人生の大事な時には神様は必ずそれがわかるように知らせてくる、と確信していますが、その通りでした。ある政党の支部から「お迎えに行きたいのですが、話し合いに来てもらえませんか」とお電話がきました。話し合いの中身は何も言われなかったのですが、その時、神様からの呼び声が「来た！」とわかりました。でも、選挙はもう嫌なので、断ることにして出かけました。ヨナと同じで、神様に言われているのは重々わかっているのに、反対の船に乗ると決めたのです。

しかし、神様に捕えられてしまえば、何をどう言っても神様の思い通りになることは読者の皆さんもご存じだと思います。私はそこで、嫌でも立ち上がらざるを得ない一言を聞くことになりました。それは、次の立候補予定者の中に女性が一人もいない、ということでした。私はそれだけはダメだ、と思いました。自分の住んでいる自治体に女性議員がいない状態はなんとしても認められない、と思ったのです。そうして、私は神様にあっさり負けてしまいました。

結果として今、24議席中、たった一人の女性として市議会議員をしています。この男性社会の象徴のような自治体議会は、女性にとって本当に異次元の組織です。地元の女性たちの中には「女のもんが議会に入ってどうするさー」という声もあります。そのくらい、議会は社会の偏った役割分担の中の男性担当部門、というイメージが強い所です。

私は当選後もしばらくは、「神様、ここで私に何をやれと言うのですか？」と問いかけていました。

さて、私が市議選に当選した、というニュースが日本の教会関係者の耳にも届くと、意外なほど「当選おめでとうございます」という声があちこちから届けられ、中には「いつかはこうなると思っていました」という女性牧師仲間からの言葉や、「キリスト者として、平和、福祉、人権の問題をビシビシ発言してください」という先輩牧師からの熱い思いのこもった言葉もありました。もっとも、牧師が議員をやるなんて、と反対の意見を持っている方はなかなか本人にはそれを伝えられないと思いますから、違う考えの方もおられることと思います。

また、当選直後、島外出身の女性が当選した妬みによるモラル・ハラスメントを受け、私個人だけではなく、佐渡教会も中傷されることがありました。そのことを通して、佐渡の社会には深く病んでいる部分があることを知りましたし、政治とはものすごいエネルギーのいる仕事なのだ、と知りました。しかし、佐渡教会がこのモラル・ハラスメントにも毅然と向かっていくことができた一つの理由は、教会の役員の中に元市議会議員の方がおられたからでした。この方の存在にはとても助けられています。

神様まかせの市議活動

では、私はどのような議員活動をしているか、という話に移ります。選挙ではある政党から推薦を受け、その関係団体の推薦ももらいましたが、基本的には市民派の無所属議員です。自らの経歴と経験から、選挙のときには、教育、障がい者や高齢者の福祉、女性や子どもなど社会的弱者の人権、観光産業、平和の問題に力を入れます、と謳いました。そして他自治体の先輩の女性議員たちにも様々なことを教えられ、私は女性議員一人なので、毎年12月議会では必ず男女共同参画の推進について質問する、という方針を一つ決めました。

しかし、神様まかせにしていると、本当に私の考えていなかった仕事が飛び込んできます。1年目の始めは、モラル・ハラスメントに遭ったこともあり、議員活動をどうしたらいいのか不安が大きかったのですが、年度の終わり近くになり、図書館統廃合問題が浮上してきました。

佐渡市は日本海に浮かぶ島で、世界地図上でも唯一全体が確認できる市ではないかと思いますが、島とは言え、東京23区の1・5倍の広さを持つ大きな島です。その広い島の図書館を一つにし、旧市町村の図書館などはすべて図書室にする、という計画でした。図書館を利用している市民からすると、乱暴で弱い者いじめに近い計画に聞こえ、普段は社会問題になかなか腰をあげない佐渡市民なのですが、この計画にはすぐに大反対の声があがり、市民が大勢集まり、この計画を阻止するために市民団体が二つも立ち上がりました。

私もそのうちの一つ「図書館で佐渡を元気にする会」の人たちと一緒に議会活動を展開しました。そして私は3回の定例議会の一般質問を丸々図書館問題に費やしました。市長は実はこの計画に乗り気だったのですが、市民運動の盛り上がりに向き合わざるを得なくなり、問題が浮上してから1年でこの計画は事実上白紙に戻りました。市民の勝利です。それまで佐渡の市民運動では盛り上がることも、勝利を味わうことも滅多になかったので画期的だったと思います。私は図書館を守るために、法や条例、規則で決められていることがいかに強い力を持っているかを学び、また出会いを通して、議員として成長させてもらったと思います。

2年目に私を待っていたのは、補助金の不正取得問題でした。これにはどう手を付けたらいいのかさっぱりわかりませんでしたが、政治の好きな方からいろいろ教えていただきました。そしてそれ以降も、公金問題の解決を導き出すことに思いがけなくも私の本領が発揮されることになりました。というのは、佐渡市は不運にも次々に不祥事が起こり、そのつど、処分や再発防止策が議会に報告されたり議案上程されるものの、役所は身内に甘く、真相追及はしないということを繰り返してきたのです。議員たちは始めのうちは大騒ぎして市の執行部を責めたてますが、適当なところで折れたり、ごまかされたりして結局最後まで追及しません。これは、現代の日本人の生き方そのものではないでしょうか。

信仰を持って、正義を求める市民に応える

私はどうしても同じように妥協することができず、おかしい、と思ったことには徹底的にこだわり、動かぬ証拠となる第一次資料を多く集めて分析し、要綱や規則など難解な書類も隅々まで読み解き、人間関係の利害には同情せず、途中で投げ出さないことで根本的な問題を見つけ出し、真の改革を議会の場で提案してきました。こうした正義感、正確さ、粘り強さ、公平性、持続力、度胸、これらは皆、教会と神学校で訓練されたお陰です。

また、信仰を持っていることも、私が正義感、公平性、粘り強さ、度胸を保つことに影響を及ぼしていると思います。世俗社会では正義は邪魔な代物でしかありません。正義を大切にすると、ごまかしてもらいたいのに甘えが許されず、人間関係を壊し、小遣い稼ぎの邪魔をし、と不都合なことばかりが起こってきます。欧米文化では「正義」と

いう言葉が頻繁に使われますが、日本の一般社会ではその意義に実態として出会う場面が少ないのではないかと思います。しかし弱い立場に追いやられている人は日本社会に正義が不在であることに今も、そしてこれからも泣かされることになるのです。だから、信仰をしっかりと持ち、これらを手放して他の利益に譲ってはならないと思います。

そして私は、この問題を扱った数回の定例議会で裁判のような一般質問を展開し続けました。その結果、議会中継をテレビで観たり、議会報を読んでいる市民が私に声をかけてくるようになりました。「これまで議会中継はおもしろくなかったけれど、荒井さんの質問はおもしろい」とか「他の23人の男どもは何をやっているんだ」とか「正義の味方だね」とか、また自民党の人からも「次も絶対に当選してほしい」と言われるようになったり、私の支援者ではなかった市民がポツリポツリと教会を訪ねてきて、不正事件の内部告発や解決の協力を求めてくるようになりました。議会の中では、私のことを名前も呼ばず目も合わせなかった古参議員が私を名前で呼び、発言を求めてくるようになりました。一方、右翼議員からは足を引っ張られるようになりました。市の執行部の中では「荒井議員は怖い存在」となり、私の提案はかなり受け入れられるようになりました。これが塩の味であり、議会の中での私の存在意義なのだろうと思います。

そこでふと選挙活動の時の一場面を思い出すのですが、一人の支援者が私を紹介する時にいつも「この方は牧師さんです」と言っておられ、私はキリスト教がカルト宗教と混同されている佐渡の社会ではそれは言わない方がいいのではないか、と思ってそうお伝えすると、逆に「牧師さんだということがいいのです」と言われたことがありました。その方は、佐渡の社会に何が必要なのかをずっと前からちゃんとわかっておられたのだ、と思います。そしてその求めは、佐渡以外にもあるのではないかと思います。

女性議員が増えれば日本は変わる

こうして私は牧師として訓練されていたお陰で女性でも議員としての働きができる、ということを3年の間に証明できたと思います。次の仕事は、女性の議員を増やすことです。私は、議会の中に女性が半数を占めるようになった時には日本社会が確実に変わる、と確信しています。平和政策も福祉政策も教育政策も充実します。すべての市民にとって利益になります。今、政治に対して失望し、関心が遠のいている日本の市民も政治を身近なものとして実感し、参加するようになると思います。

一方、日本の議会に女性を送りにくい理由のひとつとして、予算の多くを土木費が占めるため、土建業者が議員を送り込んで、議会がパワーゲームの政治屋集団になっている傾向があることも挙げられると思います。それを変えるには、市民が自分の税金の使い道をどうしてほしい、と粘り強く要望を出し続けることも方法かと思います。ある自治体では、精神科医が首長になった途端に福祉政策が進みました。つまり予算は意思次第でどうにでも動くということです。いっそのこと牧師が首長になってもいいのかもしれません。ただし、式典ではいつも日の丸だの何とかの旗だのに礼を要求されるので悩まされるでしょうけれども。

全国フェミ議員連盟サマーセミナー in 佐渡の実行委員長として（左端が筆者）

昨年7月に全国フェミニスト議員連盟（通称・フェミ議）のサマーセミナーを佐渡で開催しました。フェミ議の目的は、政党にこだわらず女性議員を増やしていくことにあります。サマーセミナーは、「女性が動く、地域が変わる」というテーマにしました。女性たちの運動や働きが確実に地域社会を変えてきたことを学び、新たな議員候補者を探して勇気づけて立候補に結びつけることも狙いです。足元の佐渡からはこれまでの開催地より男性の参加が多かったことが評価されましたが、肝心の女性候補者を増やすことに繋がったかはまだ不明です。

しなやかに変革は起きていく

最後に、牧師が議員をしていることで教会に与えている影響について感じていることを語ります。礼拝出席が増えた、ということはありません。ただし、平日、教会の敷地内に入ってくる市民は増えました。また、キリスト教に対しては、以前持っていた偏見が信頼に変わりつつある人も増えていると思います。私と知り合いであることを喜んでくださる人も増えました。牧師の私が自分の意思ではなく、神様に引っ張られるようにして議員の世界に入っていったことには、まだまだ私にも知らされていない深い意味があるのかもしれません。それはこれからの楽しみです。

（『福音と世界』２０１５年４月号所収）

“Being Church”への視点から見た「生き生きとした」教会

古《ふる》谷《や》正《まさ》仁《よし》

1956年、横浜生まれ。明治学院大学、日本聖書神学校卒業。ウェスレー神学校留学。蒔田教会牧師、日本聖書神学校教員（実践神学担当）。著書『子どもと話そう神さまのこと』（日本キリスト教団出版局）、『キリスト教教育事典』（共著・編集）（日本キリスト教団出版局）他。

教会のあり方を考え直す

私は今、教会の牧師を本務としながら、神学校において、またキリスト教主義学校において教師として働きながら、教会を生き生きとさせることに、主の助けの中で微力を尽くしている。

そのような生活の中で出会ったのが、『信徒の友』（日本キリスト教団出版局）２００５年５月号に掲載された賀来周一の「生き生きとした教会であるために」であった。その中で、表現は異なるものの、「Doing Church と Being Church」に関する新しい視点を示されたのである。

私がそこから学んだのは、教会は一人ひとりの価値を重んじ、大切にしていると言いながら、結局は能力の高い「使える人」を重んじてはいないか。それは、教会が自転車操業のように、絶えず何かを行うこと（doing）によって、人を引きつけようとしていることから生まれる。そうなれば、結局、高齢者や障がい者といった人々は、疎外され、軽んじられ、居場所を失ってしまう。今後の教会が本当に人間を大切にしていくなら、人間そのものの価値（being）を重んじる教会にならなければならない、といったことであった。

これは教会論・共同体論の本質に迫る提言である。O・ヴェーバーは、共同体としての教会というものについて、論議の糸口を我々に与えた神学者であった。彼の『集められた共同体』（*Versammelte Gemeinde*, 1949）は、新約聖書において教会を示す語として多用されるギリシア語エクレーシアも、ＬＸＸにおいてエクレーシアと訳されたヘブライ語カーハールも、外来は宗教性を持たない一般的な集会を意味する語であったことを示した。そしてそれらの語がそれ自身に宗教性を帯びたのは、その集会の内実が主原因であり、その内実を生み出したのは、自分達は任意の群れではなく、神との契約に基づき、神によって呼び集められた群れであるとの、集団の自己認識にあったのである。そしてその自己認識を生み出したのは、旧約時代においては出エジプトの出来事であり、それに加えて新約時代には、十字架の出来事が決定的であった。

　このような共同体を、「教会は神の救いの出来事に巻き込まれ、それを経験させられることを通して成立した証人共同体」と捉え、神の救いの出来事（宣教）に参与する、神の民共同体としての教会の形成を目指したのがＬ・Ｍ・ラッセルであった。彼女はニューヨークのイースト・ハーレム・パリッシュにキリスト教教育主事・牧師として関わる中で、教会に集う子ども達の地域と家庭の崩壊に直面する。いってみれば、米国における日曜学校（教会学校）運動は、家庭とその家庭を支える地域の安定・連携の上に構築された信徒運動体であったから、その活動の基礎である家庭と地域の機能マヒの現実は、その運動の根幹を揺さぶる深刻な事態であった。

　その中で、彼女は教会を子ども達の家庭にしようと決意する。その実践において構築された神学が前述の概念であった。一つの危機が、教会という共同体を考える、新たな視点を生み出した。彼女は言う。「信仰の目は『救済史』の視点から、この世界を眺める。すなわち、神がいかにして人々を束縛から救い出し、神への愛と服従、隣人への愛と奉仕の関係の中で生きるようにと、自由に向けて救い出すかということ、またこのようにして神は歴史の中で働いてたし、現に働いてい給うということを、見て取るのである」[1]。

　このような考え方は、多くの教会に影響を与えた。ラッセルの所説に米国で触れ、それに影響され翻訳を決意した3人の日本人神学者がいた。彼らは米国で実践神学を学ぶうちにラッセルに出会うのだが、ほとんど同時期に日本の教会にそれを紹介する必要を感じ、翻訳を開始した。そして帰国後、不思議な導きの中で3人は共訳という形でラッセルの著書の邦訳を出版していくのだが、彼ら（今橋朗、岸本羊一、山内一郎）のその後の働きの豊かさは、もう紹介するまでもないだろう。それぞれの分野で、日本のそしてアジアの教会のみならず、世界をフィールドに大きな貢献をした。そして筆者は、その働きや彼らの思想の根底に、ラッセルの所説を見る思いがする。

　しかしこの考え方には、一つの落とし穴があった。それは、参与や応答という概念の中に、それを引き出すための能力や行動という側面が顔を覗かせるということである。それは必然的に、行動や活動、そしてその成果という形で行為主義・成果主義を生み出す元凶となり得る。

教会と成果主義

筆者は2年間の米国遊学時代、牧師ＣＥＯ（Chief Executive Officer）論やいわゆるメガ・チャーチの働きに出会った。前者における牧師はひと言で言ってしまえば、プログラム・マネージャーとして、教会経営の視点からプログラムやイベントを企画し、運営する責任者である。そしていわゆるメガ・チャーチが目指すものは、「宗教的総合商社・百貨店」であろう。筆者もその一つに訪れて驚いたのは、巨大な組織でありながら、人々の多様なニードを満たすために、実にきめ細かい配慮が張り巡らされていたことであった。最寄り駅に頻繁に発着するシャトルバス、押し寄せる人々の自動車を収容する巨大なパーキング、訓練の行き届いた職員、一流の技術で人々を満足させる聖歌隊やミュージシャンを含む奏楽奉仕者、保育園、結婚相談所、そして職業訓練所まで取りそろえていた。おそらくこの他にも各種サービスが用意され、「ゆりかごから墓場まで」の人々のニードに応える工夫がなされているのだ。

ショー化され、タレントの熱血トークショーを聞かされている錯覚すら持つ説教の合間に、先に受付で渡された資料の括弧書きの部分に、巨大なスクリーンに映し出されるメッセージ・ヒントとやらをはめ込んでいけば、中学生以上の人間なら、おそらくあまり苦労なく説教要旨を手に入れられてしまう。しかも自分で作ったような錯覚まで持ちながら。そしてテレビで有名なその説教者が、運が良ければ出口で握手してくれ、「あなたのことを祈っていますよ」と語りかけてくれる。そして土曜日の地元紙の「宗教特集欄」には、このような巨大な組織運営に気を配る「プログラム・マネージャー」としての牧師の偉大さが声高に語られたりしていた。

これほど極端な形ではなくても、有能と言われる牧師について回るのは、「何年で礼拝出席者を倍にした」とか、「10年で１００人に洗礼を授けた」とか、「2日に1回は集会を企画し」といった類の話である。つまり教会を全力で走り続ける“Doing Church”として育て、その教会を上手に運転することが、有能な牧師の条件なのである。

これが本当にあるべき教会の姿なのだろうか。神が定めてくださった人間一人ひとりの価値を重んじ、大切にする教会の、取るべき姿勢なのだろうか。一人ひとりの人間の価値が、能力のあるなしにかかわらず大切にされなければならないというのは建て前で、本音は、結局出来る人間を重んじていくということにつながっていかないだろうか。

気になる文章がある。最近ベストセラーにもなった、あるキリスト者が書いた書物の中で、マザー・テレサの働きを称賛する箇所があるのだが、そこで著者は「どこから見ても『宝石』とは考えられない貧しい人々、孤児、病者、路上生活者を、『神の目に貴いもの』として手厚く看護し、『あなたが大切』と一人ひとりに肌で伝えた人」と記すのである。なぜそこで、わざわざ貧しい人々、孤児、病者、路上生活者を「どこから見ても『宝石』とは考えられない」と形容しなければならないのか。そこに、一人ひとりは貴いという筆者の心に隠された本音を見てしまう思いがするのである。

また、こんなケースもある。宍戸好子は著書(2)の中で、老いについて一つの考察を進めていくのだが、「老年期にある者の悩みとは、ああもなりたい、こうもなりたい、と絶頂を目指して登り続けて来た道が、ついにその目標とする頂上にまだたどりついたとは思えないのに、いつのまにか、いやおうなしに道が下り坂に変わっていく、そういう悩みなのです(3)」と語る。そしてさらに「年をとった人は、しばしば自分を廃品のように感じる(4)」と続ける。しかし、このような時にこそ、神を呼ばなければならないし、下り坂を下れば下るほど、神が近くにいてくださるのが分かるし、その時、そのままで神と共なる状態に引き上げられ、上り坂に変わるのだと語られていく。「肉体は確実に衰えていく下り坂の中で、下り坂を下りつつ上り坂を経験する」恵みについて語るのだ(5)。

たしかに老いるということは「下り坂」を肉体的には実感することであろう。だがそれは、肉体的なことなのであって、信仰的歩みや人生そのものと簡単に一致させてはならないのではないか。それに対して宍戸は一致させていないと反論するかもしれない。それだからわざわざ、上り坂に変わると書いたのだと。だが我々キリスト者が立つべき位置は、「老齢期は下り坂」と簡単に記してしまうのではなくて、下り坂と錯覚してしまう現実を振り払い、それが人間や人生に対する新しい理解に導かれる時であることを、正面から論じることなのではないかと思う。そうでないと、老齢期でなくても「廃品」のように扱われる人生を生きる人々に対するその評価を肯定する側にまわってしまいかねないのだし、「どこから見ても『宝石』とは考えられない人々」などという表現を、邪気なく選んでしまう立ち位置に自分を置いてしまう結果になるのだ。そのような視点で教会を形成してしまうのだとしたら、それのどこに愛があるのだろう。

教会と個々人の賜物

それに対して、それとは全く違う視点を我々に示すのはクリスティアン・メラーである。彼はその著書の中で、パウロが考えている「カリスマ」は、超自然的な力やそれを用いる能力のことではなく、教会共同体をつくる力、賜物のことだとし、それを取り違えると、めざましい能力や成果ばかりを教会が注目することになり、そこに律法主義的・活動至上主義的特徴が入り込んでしまうと警告しつつ、一人ひとりの賜物が「アガペーの愛」によって適切に用いられる時、どれほど目立たない能力であっても「キリストの身体」をつくり出すために役立つのであれば最高の賜物となり、どれほど驚くべき能力であっても、それが自分のためだけに所有されているのであれば、取るに足らないものにしかならないと語っている(6)。

もはや言うまでもないことだが、教会が活動至上主義的特徴を持つとき、それは必ず“Doing Church”となる。それをメラーが律法主義的存在であると批判することに注意が必要だろう。そのとき教会は、「成果や信者を生み出さなければならない」という強迫観念に支配されてしまう。「伝道に燃える教会」を目指すのは素晴らしいことだが、我々は常にその燃え方について、吟味しなければならないのである。

弱さと神の祝福

ここで我々は、井口貴志とヘンリ・ナウエンという、二人のカトリック教会が生み出した思想家・実践家の歩みに触れたいと思う。

先ず、井口貴志である。彼は当初文学に学ぶ中で人間の生き方を探求していくのだが、その中でカトリック信仰に触れ、キリスト者となった。そして心理学、社会福祉学、カウンセリング、グループワーク等の世界に触れ、「精神保健上の様々な課題を持つ人々や家族の治療的リハビリテーション」を専門にするに到った人物である。

彼はマザー・テレサの初来日の際、通訳者として数日、行動を共にすることが求められ、彼女の人間性に深く傾倒する。そして数日後、彼は夢を見る。

年老いた女の人が、竹で編んだかごに手をかざしていた。ちょうど火鉢の炭火に手をかざしているようであった。その人がマザー・テレサだと気づいてそこへ私は近づいてみた。かごの中を見ると、泥のついた卵、ピータンのようなものがうず高くはいっていた。それを見て、私はすっかり驚いてしまった。その卵の形をしたものは、私が自分でも忘れたいと思っていた私の弱さや欠点や人生の様々な出来事であった。そしてさらに驚いたことには、父のも、母のも、祖父母のも、私の家族の弱さや欠点と思われるものがうず高く入っていた。マザーは、これら一つ一つをこの上なく貴いものとして手をかざしていたのである。私は腰の力が抜けて座り込んでしまった。ありがたさで、体の中を涙が川のようになって流れた。あのカルカッタの路上に倒れている人たちは、マザー・テレサからこれをもらっていたのかと思った。[7]

これは井口の原点である。そこから人間の弱さを尊敬する、神が祝福しているものとして受け止めるという姿勢が生まれた。井口にとって人間の弱さはもはや直したり、無理をして受け入れたりすべきものではなく、感動を持って、その人がその人であるためになくてはならないものとして、神に祝福を持って与えられたものと受け止められるのである。

もう一人、ヘンリ・ナウエンについては、もう説明の必要はないだろう。彼は神学者として、ハーバード大学教授の地位を得る。そしてライバル達からそれを守るために、必死の努力を続け、疲れ果ててしまう。やがてその職を辞し、誘われるままにカナダの知的障がい者施設「ラルシュ共同体」の職員となる。そこで彼は自分を取り戻すのだが、彼の仲間となった人々にとっては、彼がそれまで血の滲むような努力で築いてきた業績よりも、「夕食の時、誰に肉をあげてはいけないか」を知っているかどうかのことがずっと重要事項だった。ノートルダムで、イェールで、ハーバードで、世界最高の知的水準の世界の中で戦ってきたナウエンが「新入りで何も知らないヘンリ」として、仲間に入れられたのである。その中でナウエンは、新しい共同体（教会）のあり方について思索した。そしてそのことについて米国の首都ワシントンDCで講演する機会が与えられるのである。

その時、ラルシュの決まりごとに従って、知的障がい者のメンバーの一人であるビルが同行した。ビルは旅の途中、何度も「ヘンリ、僕達はこの職務《ミニストリー》を一緒にするんだね」と話しかけていた。後にナウエンにとって、この言葉（そしてその後のビルの行動）は、大きな意味を持つことになった。

講演が始まると、ビルは演壇に上がり、ナウエンのすぐ後ろに立ち、読み終わった原稿をナウエンから受け取り、机の上に重ねる作業をするようになった。ナウエンはそれにとりたてて感謝を覚えたわけではなかったが、ビルの気持ちを受け止める姿勢はすでに備わっていた。しかしそれだけではなく、突然講演の途中で、「その話なら前にも聞いたことがあります！」とか、「そのとおりです。それはジョン・スメルツァー（ビルのようなメンバーの一人）がいつも聞くことです」とかいった合いの手をいれるようになった。それはその時のナウエンにとって、嬉しいことだった。ビルはその行動によって、ナウエンが日々生きている世界の雰囲気を、豊かに聴衆に伝えていることに気づいたからである。もちろんナウエンが喜んでいることが会場にも伝わり、明るい、陽気な雰囲気を醸し出していった。さらにこんなことが起こった。講演が終わると、ビルは「ヘンリ、僕にちょっと話させてもらえる?」と尋ねたのだ。ラルシュ共同体で経験を積み重ねてきたとはいえ、まだ完全に彼の偏見を払拭できていなかったナウエンは躊躇する。しかし「彼にはとりたてて話すほどのことはないだろう」(これもかなり差別的言辞ではあるが)と考え、彼にマイクを渡す。ビルはそこで「この前、ヘンリがボストンへ行ったとき、ジョン・スメルツァーを一緒に連れて行きました。今度は、僕に一緒に来てくれるように頼みました。皆さんと一緒にここにいられることを、僕はとても嬉しく思います。ありがとうございました」と語ったのだ。会衆全員が立ち上がり、彼に温かい拍手を送った。ビルはその後のプログラムの中で、大の人気者となる。そしてナウエンはこう語るのだ。「それまでの私は、講義、説教、挨拶やスピーチなどを、いつも自分一人でしてきました。私の話したことがどれくらい人々の心に残るか、疑問に思うこともよくありました。ただ、今ようやくわかりかけたことは、私の話したことは長く覚えられないかもしれない。しかし、ビルと私がいっしょに行ったということは、容易に忘れさられることはないだろう——ということです」(8)。

ナウエンがラルシュ共同体で自分の鎧を脱ぎ捨てることができ、ありのままに近い自分の姿を受け入れ、そのような生活を通して自分を回復させ、取り戻していったこと、また井口が「弱さの祝福」に生きることによって、多くの人々との共同性を回復し、それを通して癒しを生み出していることは、これからの教会のあり方に大きな示唆を与えるのではないか。彼らの実践の延長線上に、"Being Church"として教会が存在することの課題と意味が、与えられるのではないかと考えている。

(1) L・M・ラッセル『キリスト教教育の革新』(原題 Christian Education in Mission) 今橋朗、岸本羊一、山内一郎訳(新教出版社、1971年)17頁。
(2) 宍戸好子『支えのみ手——「老い」について聖書からきく』(日本キリスト教団出版局、１９７８年)。
(3) 前掲書、17頁。
(4) 前掲書、18頁。
(5) 前掲書、23頁。
(6) クリスティアン・メラー『慰めの共同体・教会——説教・牧会・教会形成』加藤常昭訳(教文館、２０００年)２９２—３００頁。
(7) 井口貴志『弱さの祝福』(サンパウロ、１９９７年)11—

12頁。

（8）ヘンリ・ナーウェン『イエスの御名で——聖書的リーダーシップを求めて』（原題 Reflection on Christian Leadership）後藤敏夫訳（あめんどう、１９９３年）１０６頁。

（『福音と世界』２０１５年１月号所収）

▼編集後記▲

新教コイノーニアシリーズの35巻にあたる本書は、第二次世界大戦における日本の敗戦から70年にあたる2015年度の月刊『福音と世界』特集に寄稿された論文を、神学と教会というふたつの切り口から選定し、あらたにまとめたものです。なお、なかには過去に別書籍に収録された論文も含まれていますが、本書の充実度を増すべく、あらためて再録させていただきました。転載をご快諾いただいた17名の執筆者に心より感謝を申し上げます。

＊＊＊

残すところわずかとなった2017年は、戦後72年目にあたります。しかし、戦後70年をおぼえ、反戦と平和をあらためて心に誓ったはずの2015年からわずか2年しかたっていないにもかかわらず、この間の日本の政治状況は悪化の一途をたどり続けてきました。沖縄で新基地建設阻止にとりくむ人への弾圧、教育現場での教育勅語の復活、いわゆる共謀罪の成立と施行、政府ぐるみでの排外主義の高まりなど、挙げればきりがありません。ましてや、関係のよくない国がミサイルを撃てば即座に携帯電話やテレビからサイレンが鳴り響く、これはもはや戦争状態そのものだとすらいえます。戦後70年のあいだに、私たちは何を学んだ、いや、忘れてしまったのでしょうか。戦後とは、いったい何だったのでしょうか。

本書の役割は、この問いにこたえるための材料を提供することにあるといえるかもしれません。戦後70年間に起きたさまざまな動きのなかには、積極的に学ぶべきものもあれば、二度と繰り返さないための糧とすべきものもあるでしょう。これらのひとつひとつを確かめ、そこに込められた意味を探り当てることを通じて、戦《いくさ》をまことの意味で終わらせるための知恵と力を身につけていくことが必要です。ですから本書は、なんらかの答えを提示するものではありません。戦後という巨大な時代枠組みのなかでこだまする多くの人びとの声に、神学そして教会の働きを通じて私たちが主体的に応答するための手がかりを与えるものなのです。本書を手にしたひとがひとりでもそうした応答へと押し出されていくとすれば、あるいはそうした応答に取り組むひとを本書がすこしでも支えられるとすれば、本書が編まれた意義はあったといえるでしょう。

最後に、新教コイノーニア34につづき組版を担ってくださった東京創文社の佐藤悦子さん、装丁を手がけてくださったロゴス・デザインの長尾優さんにお礼申し上げます。

2017年10月　新教出版社編集部

新教コイノーニア 35
戦後 70 年の神学と教会

2017 年 10 月 20 日　第 1 版第 1 刷発行

編　者　新教出版社編集部
発行者　小　林　望
発行所　株式会社　新教出版社
〒 162-0814 東京都新宿区新小川町 9-1
電話(代表) 03 (3260) 6148
振替　001801-1-9991

印刷・製本／モリモト印刷株式会社

ISBN 978-4-400-30718-1 C1316　2017©